1文から始める　ステップアップ式

必ずできる！初級「読解」入門

Elementary Japanese Reading Comprehension

安藤栄里子　足立尚子　著

目次

※問題部分では、Ｎ３レベル以上の漢字はすべてひらがなで表記しています（固有名詞、文法用語を除く）。

はじめに　〜この本で勉強なさる方へ〜

　皆さんは文法の勉強が好きですか。中にはあまり好きではない方もいらっしゃるでしょう。しかし、文法は外国語学習の土台です。中でも初級で学ぶ文法は、基礎の基礎と言えるでしょう。これがしっかりしていなければ、その上に立派な建物を建てることはできません。

　初級のテキストで勉強して、その課の復習テストではいい成績が取れるけれども、３か月くらい勉強した後のまとめのテストはあまりよくできないという方もいらっしゃるでしょう。この本は、そのような学習者の方に向いています。一つ一つの項目を復習すると同時に、それを組み合わせた問題も含まれているからです。この本で、初級の総復習ができるわけです。

　さらに、この本は、読解へのステップにもなるように作られています。特に日本語能力試験（JLPT）Ｎ５〜Ｎ３レベルの読解では、基本的な文法の力がとても大切です。問題には、文法問題というより読解問題といった方が適切なものも含まれています。ですから、この本で勉強すれば、初級レベルの読解の基礎も学ぶことができます。

　この本でしっかり勉強して「初級はもう完璧！」と言えるようになってください。

安藤栄里子　足立尚子

1　「ユニット」について

　本書は３つのユニットに分かれています。ユニット１はだいたいJLPTのＮ５レベル、ユニット２はＮ４レベルの前半、ユニット３はＮ４レベルの後半です。

2　「ウォーミングアップ」について

　ユニットの初めにある「ウォーミングアップ」は、そのユニットで扱う文法項目の基本的な問題です。教科書によって文法項目の提出順序が違いますので、この「ウォーミングアップ」で、その項目を勉強したことがあるかどうかチェックしてください。まだ勉強していない項目がたくさんあるのなら、そのユニットの問題はまだ難しいということです。もう少し勉強してからやった方がいいでしょう。

3　「問題」について

　ウォーミングアップ以外の問題は、１回分２ページで構成されています。文法の勉強があまり好きではない方も、勉強時間があまりない方も、毎日少しずつ進めることができます。実力を養うには、ある程度のスピードも大切ですので、左ページの上の解答時間内に終わるようにやってください。また、間違えた問題はチェックしておいて、少し経ってから、もう一度やってみてください。

　この本をより効果的に使うためには、答えを本に書き込まないでノートに書き、本には間違えた問題に印を付けておくだけにすることをお勧めします。しばらくしてから、今度は前に間違えた問題だけをやってみてください。右ページの上に、１回目と２回目の日付を書くことができますので、利用してください。

　１冊の問題集を100％できるようになるまで繰り返すことが、文法力向上への確実な道です。それがひいては読解力にもつながります。

4　「巻末付録」について

　最後に、中級への橋渡しとして、初級のテキストではあまり触れられていないけれども覚えておくとよい項目を取り上げていますので、説明を見ながら学習しましょう。

　さらに、初級レベルの少し長い文章の読解問題もありますので、最後の復習として挑戦してみてください。

Introduction – To everyone who will study with this textbook –

I have a question for everyone. Do you like studying grammar? I guess some of you do not really like that. However, you should remember that grammar is the foundation to learn a foreign language. In grammar, what you will learn first is the basics of the basics. If such a basic foundation is not established properly, it will not be possible to build a great building on top of it.

After studying a beginner textbook, you will probably be able to obtain good grades on a test on the content of the book. However, I suppose that some of you would not be able to get good results in a summary test passed three months later. This textbook is designed for this kind of learner. The reason is that, while studying individual grammatical points, you will have to solve problems combining all these grammatical points together. This textbook will allow you to review the basics of grammar in a comprehensive manner.

Another particularity of this textbook is that it is structured around steps toward reading proficiency. Understanding basic grammar is particularly important for N5 to N3 reading levels of the Japanese-Language Proficiency Test (JLPT). For this purpose, this textbook contains exercises that can be qualified as reading comprehension exercises rather than just grammatical exercises. That is why studying with this textbook will allow you to learn the basics of reading comprehension.

Study with this textbook until you can say that you have mastered all the basics!

Ando Eriko, Adachi Naoko

Structure and usage of the textbook

1. About the units

This textbook is composed of three units. Unit 1 corresponds roughly to the N5 level of the JLPT, while unit 2 corresponds to the first half of the N4 level and unit 3 to the second half of the N4 level.

2. About the warm-up

A warm-up section is introduced at the beginning of each unit. These sections contain basic exercises related to the grammatical points studied in the unit. Since the order the grammatical points are introduced may differ depending on the textbook, use these warm-up exercises to determine the grammatical points you have already studied. If there are lots of points you haven't studied yet, you will find the exercises for the unit quite difficult, which means that you should probably study a little more before completing the exercises.

3. About the exercises

The exercises that are in the warm-up sections are introduced on two pages. This format allows people who don't like studying too much or who don't have much time to progress little by little each day. Since having a minimum speed is important to improve your practical skills, you should try to complete the exercises within the time limit indicated on the top of the left page. Also, it is recommended to review the exercises where mistakes have been made and do them again after a while.

To use this textbook even more efficiently, it is advised not to write the answers in the textbook but in a notebook while indicating with a mark the exercises where mistakes have been made. By doing so, you will be able to try again only the exercises where you have made mistakes after a while. On the top of the right page, you will be able to write the date of your first and second attempts to complete the exercises.

Repeating the exercises until you can complete correctly 100% of an exercise book is a sure path toward grammatical skills improvement.

4. About the appendixes

At this end of the textbook, points are introduced as a bridge toward the intermediate level. These points are not described in detail in this basic textbook but it is recommended to study them while referring to the explanations since it is important to remember them.

Reading exercises, slightly longer than other basic-level exercises, are also available for those who would like to take up a last challenge to review the content of this textbook.

序言　～致　使用本书学习的各位～

　　大家喜欢学习语法吗？估计你们当中也有人不太喜欢语法吧。但是，语法是外语学习的基础。其中，在初级阶段学习的语法，可以说是基础中的基础。如果没有打好这一层基础，就无法在上面建起高楼大厦。

　　也许有的人使用初级教材学习，并可以在课后复习测试中取得不错的成绩，但在学习3个月之后的总结测试中却没能取得好成绩。本书就适合这样的学习者使用。这是因为在逐项复习的同时，还设有将各项组合起来的题目。使用本书，可以进行初级内容的总复习。

　　并且，本书的编写目的也包括为阅读理解做好准备。特别是日语能力测试（JLPT）N5～N3级别的阅读理解中，基础语法能力非常重要。试卷中的测试题，与其说是语法题，不如说是阅读理解题更为恰当。因此，通过对本书的学习，还能够学到初级阅读理解的基础内容。

　　希望大家认真学习本书，达到能够自信说出"初级已完全掌握！"的水平。

安藤荣里子　足立尚子

1 关于"单元"

正文分为3个单元。单元1基本相当于JLPT的N5级别，单元2相当于N4级别的前半，单元3相当于N4级别的后半。

2 关于"热身练习"

每个单元的开始都有"热身练习"，内容是该单元出现的语法项目基础题目。教材不同，语法项目的提出顺序也不同，请通过"热身练习"确认您是否学过这个项目。如果您还有很多项目没学过，就说明该单元的题目难度较大。建议您学习一段时间后再来答题。

3 关于"题目"

除了热身练习以外，每次的题目由2页内容构成。即使您不太喜欢学习语法，或者您没有充足的时间学习，也可以每天少量学习，循序渐进。如果要培养实力，就需要确保一定程度的速度，所以请在左页顶部的答题时间内完成。并且，先查看答错的题目，过一段时间后，重新再做一次。

为了更加有效地使用本书，建议不要将答案直接写在书上，而是写在笔记本上，只在书上标出答错的题目。经过一段时间之后，可以试着挑出之前的错题重新练习。右页顶部有标注第1次和第2次练习日期的位置，建议加以利用。

反复练习直到整本习题集可以100%答对，这是提高语法能力的切实有效的方法。并且，这还有助于提高阅读理解能力。

4 关于"卷尾附录"

最后，作为向中级的过渡，本书中还有一部分内容是初级教材中未涉及，但建议提前掌握的项目，学习时请查看说明内容。

并且，还有对于初级而言篇幅略长的文章的阅读理解题，请作为最后的复习尝试挑战。

Lời nói đầu ~Gửi đến những bạn sẽ học cuốn sách này~

Các bạn có thích học ngữ pháp không? Trong số các bạn, hẳn sẽ có những bạn không thích lắm phải không? Tuy nhiên, ngữ pháp là nền tảng của việc học ngoại ngữ. Trong đó, có thể nói rằng, ngữ pháp học ở trình độ sơ cấp là nền móng căn bản nhất. Nếu nền móng này không vững chắc, bạn sẽ không thể xây dựng được một tòa nhà hoàn hảo bên trên.

Có một số bạn mặc dù có thể học trong sách giáo khoa dành cho trình độ sơ cấp và đạt điểm cao trong bài kiểm tra ôn tập cho bài học đó, nhưng lại không thể làm tốt bài kiểm tra tổng hợp sau khi học khoảng 3 tháng. Cuốn sách này chính là dành cho những người học như vậy. Sở dĩ chúng tôi nói như vậy là vì cuốn sách này ngoài việc ôn tập từng mục, thì còn bao gồm cả bài tập kết hợp các mục đó. Điều này có nghĩa là, với cuốn sách này, bạn có thể ôn tập toàn diện về trình độ sơ cấp.

Hơn nữa, cuốn sách này còn được soạn thảo để hướng đến khả năng đọc hiểu. Kỹ năng ngữ pháp cơ bản đóng vai trò vô cùng quan trọng, đặc biệt là đối với phần đọc hiểu trình độ N5 ~ N3 trong Kỳ thi Năng lực Nhật ngữ (JLPT). Cuốn sách này có những bài tập thích hợp làm bài tập về đọc hiểu hơn là bài tập về ngữ pháp. Vì vậy nếu bạn học bằng cuốn sách này, bạn cũng có thể học được những kiến thức cơ bản về đọc hiểu ở trình độ sơ cấp.

Hãy học tập chăm chỉ với cuốn sách này và bạn sẽ có thể nói rằng "Tôi đã nắm vững trình độ sơ cấp rồi!".

Ando Eriko, Adachi Naoko

Cấu trúc và cách sử dụng cuốn sách này

1 Về "Đơn vị bài học"

Cuốn sách này được chia thành 3 đơn vị bài học. Đơn vị bài học 1 ở trình độ khoảng N5 của JLPT, đơn vị bài học 2 là nửa đầu của trình độ N4, đơn vị bài học 3 là nửa sau của trình độ N4.

2 Về phần "Khởi động"

Phần "Khởi động" ở đầu mỗi đơn vị bài học là bài tập cơ bản về các mục ngữ pháp sẽ học trong đơn vị bài học đó. Trình tự trình bày các mục ngữ pháp sẽ khác nhau tùy theo sách giáo khoa, vì vậy bạn hãy sử dụng phần "Khởi động" này để kiểm tra xem mình đã học những mục đó hay chưa. Nếu vẫn còn nhiều mục mà bạn chưa học đến, điều này có nghĩa là các bài tập trong đơn vị bài học đó vẫn còn khó. Bạn nên học thêm một chút trước khi làm bài tập.

3 Về "Bài tập"

Bài tập không nằm trong phần Khởi động sẽ có cấu trúc 2 trang 1 bài. Ngay cả khi bạn không thích học ngữ pháp cho lắm hoặc không có nhiều thời gian học, bạn cũng có thể tiến bộ từng chút một mỗi ngày. Tốc độ cũng rất quan trọng để phát triển năng lực, vì vậy bạn hãy cố gắng hoàn thành bài tập trong thời gian trả lời ghi ở phía trên trang bên trái. Ngoài ra, hãy xem lại các bài tập mà bạn đã làm sai, và thử làm lại bài tập đó một lần nữa sau một khoảng thời gian.

Để sử dụng cuốn sách này hiệu quả hơn, chúng tôi khuyên bạn không nên viết câu trả lời vào sách mà hãy ghi vào vở, và chỉ dùng sách để đánh dấu những bài tập mà bạn làm sai. Sau một thời gian, bạn hãy thử làm lại những bài tập mà mình đã làm sai trước đó. Bạn có thể ghi ngày tháng cho lần làm bài thứ 1 và lần làm bài thứ 2 ở phía trên của trang bên phải.

Việc làm đi làm lại cho đến khi bạn có thể hoàn thành 100% phần bài tập của 1 cuốn sách là một phương pháp chắc chắn để cải thiện kỹ năng ngữ pháp của bạn. Và điều này cũng giúp bạn cải thiện cả kỹ năng đọc hiểu nữa.

4 Về "Phụ lục cuối sách"

Cuối cùng, với vai trò là cầu nối cho trình độ trung cấp, phần này trình bày các mục cần nhớ nhưng không được tiếp xúc nhiều trong sách giáo khoa trình độ sơ cấp, vì vậy bạn hãy vừa học vừa xem phần giải thích.

Ngoài ra, phần này cũng có bài tập đọc hiểu dưới dạng các đoạn văn dài hơn một chút ở trình độ sơ cấp, các bạn hãy thử tạo thử thách cho bản thân với bài tập này như một bài ôn tập cuối cùng nhé.

ウォーミングアップ
第1回〜第12回

問題 I　普通体を書いてください。

丁寧体	普通体
行きます	
行きません	
行きました	
行きませんでした	
大きいです	
大きくないです／大きくありません	
大きかったです	
大きくなかったです／ 大きくありませんでした	
元気です	
元気じゃ（では）ないです／ 元気じゃ（では）ありません	
元気でした	
元気じゃ（では）なかったです／ 元気じゃ（では）ありませんでした	
子どもです	
子どもじゃ（では）ないです／ 子どもじゃ（では）ありません	
子どもでした	
子どもじゃ（では）なかったです／ 子どもじゃ（では）ありませんでした	

問題Ⅱ　（　　　）に助詞を書いてください。いらないときは×を書いてください。

1　毎朝（　　　　）7時（　　　　）起きる。

2　A「いつ銀行へ行きますか」

　　B「あした（　　　　）行きます」／「水曜日（　　　　）行きます」

3　A「いつしゅくだいをしますか」

　　B「ばんごはんの前（　　　　）します」／「ばんごはんの後（　　　　）します」

4　デザイン（　　　　）勉強している。／デザイン（　　　　）勉強をしている。

5　つくえの上（　　　　）本（　　　　）ノートなどがある。

6　車の運転（　　　　）できる。

7　駅の前（　　　　）友だちと会った。

8　今、東京（　　　　）住んでいる。

9　道（　　　　）わたるとき、車に気をつけましょう。

10　新しいパソコン（　　　　）ほしい。

問題Ⅲ　（　　　）のことばを正しいかたちにしてください。

1　春になって、（あたたかい→　　　　　　　　　　　）なった。

2　きのう食べたラーメンはとても（おいしい→　　　　　　　　　　　）。

3　きのうのテストはとても（かんたん→　　　　　　　　　　　）。

　　　　　　　　　＝（むずかしい→　　　　　　　　　　　）。

4　うちのねこは（白い→　　　　　　　　　　　）小さい。

5　田中さんは（親切→　　　　　　　　　　　）人だ。

6　私の家は駅から（近い→　　　　　　　　　　　）（べんり→　　　　　　　　　　　）

　　ところにある。

7　りょうのへやはせまいが、（きれい→　　　　　　　　　　　）明るい。

8　林さんはとても料理が（上手→　　　　　　　　　　　）と思う。

9　先週は毎日いい（天気→　　　　　　　　　　　）。

問題Ⅳ　（　　）のことばを正しいかたちにしてください。

1　A「おんせんに（行く→　　　　　　　　）ことがありますか」

　　B「いいえ」

　　A「今度、いっしょに（行く→　　　　　　　）か」

　　B「ありがとうございます。ぜひ（行く→　　　　　　　）たいです」

2　A「夏休みに何をしましたか」

　　B「山に（のぼる→　　　　　　　）り、プールで（およぐ→　　　　　　　）りしました」

3　「あなたは朝ごはんを（食べる→　　　　　　　）前にはをみがきますか、

　　（食べる→　　　　　　　）後でみがきますか」

4　「田中さんはもう（帰る→　　　　　　　）と思います。かばんがありませんから」

5　「さくらが（さく→　　　　　　　）ら、花見に（行く→　　　　　　　）ましょう」

6　A「つぎのバスは何時に来ますか」

　　B「前のバスが１０分前に（行く→　　　　　　　）から、もうすぐ来るでしょう」

7　A「いつ日本語の勉強を始めましたか」

　　B「日本へ（来る→　　　　　　　）から始めました」

8　A「山田さんの電話ばんごうを（知る→　　　　　　　）か」

　　B「いいえ、（知る→　　　　　　　）」

問題Ⅴ　何と言いましたか。＿＿＿＿＿に書いてください。

れい）

医者は＿＿かぜだ＿＿と言いました。

1

医者は＿＿＿＿＿＿＿＿＿＿＿＿＿＿＿＿＿＿と言いました。

2

医者は＿＿＿＿＿＿＿＿＿＿＿＿＿＿＿＿＿と言いました。

3

ゴックさんは＿＿＿＿＿＿＿＿＿＿＿＿＿＿＿＿と言いました。

4

ゴックさんは＿＿＿＿＿＿＿＿＿＿＿＿＿＿＿＿と言いました。

問題Ⅵ　田中さんのにっきを読んで、質問に答えてください。

　　きのうはじめて東京に来た。高い建物が多い。ホテルのそばに広いこうえんがある。今朝、そこをさんぽした。朝だから、しずかだった。人もあまりいなかった。
　　午後はおまつりを見に行った。とてもにぎやかだった。あんなにたくさんの人をはじめて見た。写真をたくさんとった。チンさんに見せてあげたい。ちょっとつかれたが、楽しかった。

問　田中さんは北海道に住んでいます。にっきと同じことをチンさんにメールします。
　　丁寧体で書いてください。

　　きのうはじめて東京に＿＿＿＿＿＿＿。高い建物が＿＿＿＿＿＿＿。ホテルのそばに広いこうえんが＿＿＿＿＿＿＿。今朝、そこをさんぽ＿＿＿＿＿＿＿。朝だから、＿＿＿＿＿＿＿。人もあまり＿＿＿＿＿＿＿。
　　午後はおまつりを見に＿＿＿＿＿＿＿。とても＿＿＿＿＿＿＿。あんなにたくさんの人をはじめて＿＿＿＿＿＿＿。写真をたくさん＿＿＿＿＿＿＿。チンさんに見せて＿＿＿＿＿＿＿。ちょっと＿＿＿＿＿＿＿が、＿＿＿＿＿＿＿。

問題 I　どれがいいですか。

れい）（ これ ・ この　 ）は私の写真です。

1

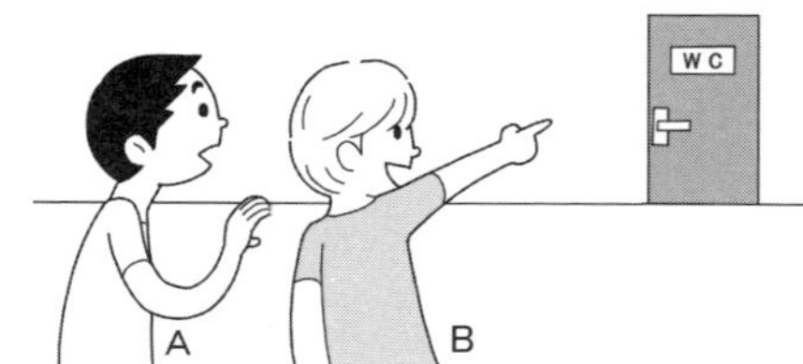

A「すみません、トイレは……」
B「（ あの ・ あれ ・ あそこ ）ですよ」

2

A「（ あの ・ あれ ）高いビルは何ですか」
B「ああ、（ あれ ・ それ ）は図書館ですよ」

3

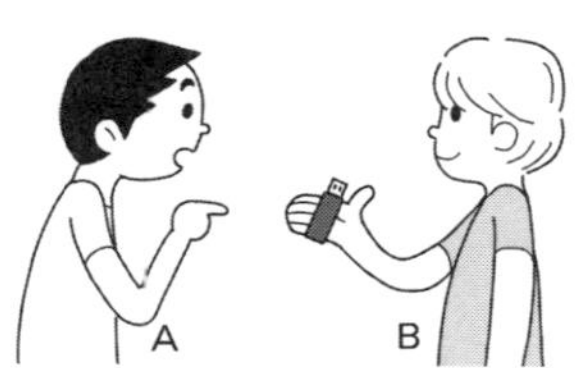

A「リンさん、（ これ ・ それ ・ あれ ）は何ですか」
B「（ これ ・ それ ・ あれ ）ですか。新しいUSB
です」

4

A「（ この ・ これ ・ その ・ それ ）かばん、だれ
の?」
B「あ、（ この ・ これ ・ その ・ それ ）、私の」

問題 II　どちらがいいですか。

1　さっきコンビニで（　　　　）。　　①行きました　　②買いました
2　田中さんは今教室に（　　　　）。　　①います　　②勉強しています

3　電車で（　　　　）。　　　① のりました　　　② 来ました

4　へやを（　　　　）。　　　① 入ってください　　② 出てください

5　東京に（　　　　）。　　　① 住んでいます　　　② はたらいています

6　日本語で（　　　　）。　　① 話してください　　② 勉強してください

7　去年大学に（　　　　）。　① 入学しました　　　② そつぎょうしました

8　ノートに（　　　　）。　　① 買いました　　　　② 書きました

問題Ⅲ　どちらがいいですか。

1　A「行ってらっしゃい」　B「（　　　　）」　① 行ってきます　　② さようなら

2　A「ただいま」　B「（　　　　）」　① おかえりなさい　　② いらっしゃい

3　A「これでじゅぎょうを終わります」　B「（　　　　）」

　　① おつかれさまでした　　② ありがとうございました

4　A「英語を話すことができますか」　B「（　　　　）」

　　① はい、できます　　② はい、そうです

問題Ⅳ　疑問詞を書いてください。

れい）　A「＿いつ＿日本へ来ましたか」　B「去年です」

1　A「日本語が上手ですね。＿＿＿＿＿＿＿で習いましたか」

　　B「大学で習いました」

2　A「＿＿＿＿＿＿＿がこの絵をかきましたか」　B「リンさんです。上手ですね」

3　A「お母さんは＿＿＿＿＿＿＿をしていますか」

　　B「大学で英語を教えています」

4　A「＿＿＿＿＿＿＿人とけっこんしたいですか」　B「やさしい人がいいです」

5　A「＿＿＿＿＿＿＿しゅくだいをしなかったんですか」

　　B「すみません、あたまがいたかったからです」

問題 I　どちらがいいですか。

1　A「あしたかえしてくださいね」　　B「（　　　　　　）」

　　① はい、わかります　　　　② はい、わかりました

2　A「日本語の勉強はどうですか」　　B「（　　　　　　）」

　　① いいです　　　　　　　　② おもしろいです

3　先生「この問題の答えは3ばんです」　　学生「（　　　　　　）」

　　① はい、そうです　　　　② わかりました

4　A「いっしょに昼ごはんを食べませんか」　　B「（　　　　　　）」

　　① いいえ、食べません　　② すみません、また今度

5　A「すみません、ペンを貸してください」　　B「（　　　　　　）」

　　① はい、どうぞ　　　　　② はい、貸してあげます

6　A「リンさん、今、ちょっといいですか」　　B「（　　　　　　）」

　　① すみません、少し待ってください　　② すみません、よくないです

7　A「あついですね」　　B「（　　　　　）」

　　① はい、あついです　　② そうですね、あついですね

8　A「みなさん、お世話になりました。どうぞ（　　　　　　）」　　B「Aさんもね」

　　① お元気に　　　　　　② お元気で

問題 II　どちらが正しいですか。

1　日本へ（ 来て・来た ）から5キロふとりました。

2　A「草津おんせんへ（ 行く・行った ）ことがありますか」

　　B「ええ、とても（ きれいで・きれくて ）しずかなところでしたよ」

3　「ちょっと待ってください。今、仕事を（ します・しています ）から」

4　このボタンを（ おすと・おして ）、水が出ます。

5　休みの日はそうじをしたり買い物に行ったり（ します・です ）。

6　私のしゅみは写真を（ とります・とることです ）。

問題Ⅲ　どちらが正しいですか。

1　コンビニ（へ・で）パンを買いに行った。

2　学校の前（に・で）先生と会った。

3　7時に家（に・を）出て、7時半のバス（に・を）のった。

4　A「いつ（は・が）いいですか」

　　B「土曜日（は・が）いいです」

5　A「アリさん（は・が）どの人ですか」

　　B「あの人（は・が）アリさんです（ね・よ）」

6　A「旅行は楽しかったです（ね・よ）」

　　B「ええ、また行きたいです（ね・よ）」

7　A「何（か・を）飲みますか」

　　B「ええ、水をおねがいします」

8　ゆびわをなくした。さがしたが、（どこも・どこにも）なかった。

問題Ⅳ　質問の文を作ってください。

1　A「旅行は＿＿＿＿＿＿＿＿＿＿＿か」　　B「とても楽しかったです」

2　A「会社まで＿＿＿＿＿＿＿＿＿＿行きますか」

　　B「自転車で駅まで行って、電車にのります」

3　A「＿＿＿＿＿＿＿＿＿＿＿＿＿＿＿＿＿＿＿＿＿すきですか」

　　B「やきゅうよりサッカーの方がすきです」

4　A「日本料理＿＿＿＿＿＿＿＿＿＿＿＿＿＿＿＿＿すきですか」

　　B「そうですねえ、すしがいちばんすきですね」

5　A「家族＿＿＿＿＿＿＿＿＿＿＿＿＿＿＿背が高いですか」

　　B「私です」

問題 I　　どれがいいですか。

1　A「チョウさん、今度いっしょに食事を（ しましょう・しました ）」

　　B「いいですね」

2　A「お父さんは何を（ しますか・していますか ）」

　　B「会社員です」

3　A「ここに車を止めてもいいですか」

　　B「すみませんが、あそこに（ 止めないで・止めて ）ください」

4　A「あのう、（ これ・あれ ）、おみやげです。どうぞ」

　　B「ありがとうございます。開けてもいいですか」

5　A「さいきん仕事がいそがしくてつかれました」

　　B「（ これ・それ・あれ ）はたいへんですね」

問題 II　　（　　　　）に助詞を書いてください。いらないときは×を書いてください。

1　A「すみません、この映画は何時（　　　　）何時（　　　　）ですか」

　　B「10時（　　　　）始まって12時（　　　　）終わります」

2　A「おととい（　　　　）動物えんへ行ったんですよ」

　　B「だれ（　　　　）行ったんですか」

　　A「一人（　　　　）行きました。めずらしい動物（　　　　）たくさんいましたよ」

　　B「とおかったですか」

　　A「いいえ、バス（　　　　）30分ぐらい（　　　　）でした」

3　A「この教室（　　　　）は、どこ（　　　　）すわってもいいんですか」

　　B「ええ、でも私はいつも前（　　　　）2ばん目の、まどに近いせき（　　　　）すわ

　　　ります」

4　A「あそこ（　　　　）高いビル（　　　　）ありますね。あれ（　　　　）何ですか」

　　B「しやくしょですよ」

問題Ⅲ　どちらがいいですか。

1　毎ばん何時間（ ぐらい・ごろ ）ねますか。

2　あの会社には社員が300人（ ぐらい・ごろ ）います。

3　A「わかりましたか」　　B「はい、（ とても・よく ）わかりました」

4　A「この英語がわかりますか」　　B「いいえ、（ 少し・ぜんぜん ）わかりません」

問題Ⅳ　絵を見て、質問に答えてください。

1　A「リンさんはどの人ですか」

　　B「うけつけで＿＿＿＿＿＿＿＿＿＿＿＿＿＿＿＿人です」

2　A「アンさんはどの人ですか」

　　B「ドアの近くのいすに＿＿＿＿＿＿＿＿＿＿＿人です」

3　A「佐藤さんはどの人ですか」

　　B「ぼうしを＿＿＿＿＿＿＿＿＿＿、かさを＿＿＿＿＿＿＿＿＿＿人です」

4　A「タイさんはどの人ですか」

　　B「めがねを＿＿＿＿＿＿＿＿＿、本を＿＿＿＿＿＿＿＿＿人です」

5　A「山田さんはどの人ですか」

　　B「タイさんのとなりでコーヒーを＿＿＿＿＿＿＿＿＿人です」

問題 I　どちらが正しいですか。

1　映画（ が・は ）始まる前にトイレに行った。

2　土曜日（ が・は ）いそがしいが、日曜日（ が・は ）ひまだ。

3　「これ、私が作りました。おいしいです（ ね・よ ）。食べてみてください」

4　私（ が・は ）学校を休んだとき、友だちが電話をくれました。

5　A「いっしょに映画を見に行きませんか」

　　B「いいですね。ぜひ」

　　A「いつ（ が・は ）いいですか」

　　B「いつ（ も・でも ）いいです」

6　A「アランさんのしゅみ（ が・は ）何ですか」

　　B「料理です」

　　A「日本料理（ も・を ）作りますか」

　　B「いいえ、作りたいです（ が・から ）、作り方（ が・を ）わからなくて」

問題 II　（　　　　）に入るものを下からえらんでください。

れい）　きのうはしゅくだいをして、ゲームをしました。そして、（　　⑤　　）。

1　毎朝起きてすぐシャワーをあびます。それから（　　　　　　）。

2　あしたテストがありますから、こんばん（　　　　　　）。

3　私はサッカーがすきです。でも、（　　　　　　）。

4　あしたは在留カードを持って来てください。それから、（　　　　　　）。

5　A「こんばんカラオケ行かない？」

　　B「行きたいけど、（　　　　　　）」

① 勉強しなければなりません　　② パスポートもわすれないでください

③ 食事をして会社に行きます　　④ あまり上手じゃありません

⑤ 国の家族に電話しました　　⑥ あしたの朝、早いから……

問題Ⅲ　どれが正しいですか。

1　きのうは姉のたんじょう日でした。姉は両親からネックレスを（ あげました・もらいました・くれました ）。私はセーターを（ あげました・もらいました・くれました ）。

2　A「きのう、きみのたんじょう日だったよね。かのじょ、何を（ あげた・もらった・くれた ）の?」

　　B「何も」

3　A「すみません、このパンフレット、（ あげても・もらっても・くれても ）いいですか」

　　B「どうぞ」

4　A「夏休みにうちへあそびに来ませんか」

　　B「すみません。夏休みは国へ（ 帰らなければなりません・帰らなくてもいいです ）」

5　病気の人「あのう、あした会社へ行ってもいいですか」

　　医者　　　「まだねつがありますから、（ 行かなければなりません・行かないでください ）」

6　A「すみません、アンケートをおねがいします」

　　B「いいですよ。名前を書かなければなりませんか」

　　A「いいえ、（ 書いてください・書かなくてもいいです ）」

問題Ⅳ　つぎのぶんしょうを読んで、質問に答えてください。

> 　きのう兄と秋葉原へ行きました。新しいパソコンがほしかったからです。うちへ帰って、弟と二人でゲームをしてあそびました。

問　「私」はきのう、何をしましたか。

①　兄と秋葉原へパソコンを買いに行きました。

②　弟と秋葉原へ行って、ゲームをしました。

③　家族のみんなとゲームをしてあそびました。

問題 I　どちらが正しいですか。

1　にもつが多かったから、リーさんに少し持って（くれました・もらいました）。

2　A「すてきな時計ですね」

　　B「ありがとうございます。父が買って（あげました・くれました）」

3　車で吉田さんを駅まで送って（あげました・もらいました）。

4　日本へ（来る・来た）とき、友だちのお兄さんにくうこうまでむかえに来て

　　（あげた・もらった・くれた）。

5　日本へ（来る・来た）とき、友だちがくうこうまで見送りに来て（あげた・

　　もらった・くれた）。

6　A「この本、（貸して・借りて）もらえる？」　B「いいよ」

7　A「コンビニでジュース買ってきて（くれる・もらう）?」　B「いいよ」

8　A「アランさん、日本料理を作ることができますか」

　　B「ええ、できますよ。山田さんに（教えて・習って）もらったんです」

問題 II　上の文の内容とあっていたら○、ちがっていたら×を書いてください。

1　リンさんに花をもらった。

　　（　　　）リンさんは花をくれた。

　　（　　　）私はリンさんに花をあげた。

2　朝食の前にはをみがいた。

　　（　　　）朝食を食べてからはをみがいた。

　　（　　　）はをみがいた後で朝食を食べた。

3　かんたんな日本語だったらわかります。

　　（　　　）日本語はぜんぜんできません。

　　（　　　）日本語がとても上手です。

　　（　　　）むずかしい日本語はわかりません。

問題Ⅲ　（　　　　）に助詞を書いてください。

1　田中さん（　　　　　）背（　　　　　）高くてかっこいいです。

2　A「すみません、トイレ（　　　　）どこですか」

　　B「そのかいだん（　　　　）上がって右です」

3　A「駅の前（　　　　）コンビニ（　　　　　）銀行など（　　　　）あります」

　　B「ゆうびんきょく（　　　　　）ありますか」

　　A「いいえ、ゆうびんきょく（　　　　）ありません」

4　A「きのう、どこ（　　　　）へ行きましたか」

　　B「いいえ、きのうはどこへ（　　　　）行きませんでした」

問題Ⅳ　絵を見て、正しいものをえらんでください。

1

① ボールペンを貸してもいいですか。
② ボールペンを貸してくれませんか。
③ ボールペンを借りてください。

2

① エアコンをつけてもいいですか。
② エアコンをつけましょうか。
③ エアコンをつけてください。

3

① ドアを開けたいですか。
② ドアを開けてくれますね。
③ ドアを開けましょうか。

問題 I　（　　　）に入るものを下からえらんでください。

れい）　ねむくてもしゅくだいをします。（　①　）。

1　かぜをひいても病院へ行きません。（　　　　）。

2　雨がふってもサッカーをします。（　　　　）。

3　むずかしくても、漢字を勉強しなければなりません。（　　　　）。

4　安くても、このノートパソコンは買いたくないです。（　　　　）。

5　夏になったら、北海道へ旅行に行きたいです。（　　　　）。

① あしたテストがあるからです　　　② 日本語の本を読みたいからです
③ 東京よりすずしいからです　　　　④ 家にあるくすりを飲むからです
⑤ とても楽しいからです　　　　　　⑥ 大きくて重いからです

問題 II　どちらがいいですか。

1　田中さんはやさしくて（　　　　）。
　　① 親切な人です　　　　　　　　② あまり親切じゃありません

2　このかばんは大きいですが（　　　　）。
　　① 重いです　　　　　　　　　　② かるいです

3　「先生、作文を書いたんですが、（　　　　）」
　　① 見てもいいですか　　　　　　② 見てもらえますか

4　A「あなたのうちから駅までどのくらいかかりますか」
　　B「とても近いです。（　　　　）」
　　① 3分です　　　　　　　　　　② 3分かかります

5　A「あのレストランはどうですか」　　B「（　　　　）」
　　① 安いとおいしいです　　　　　② 安くておいしいです

6　A「あついですね。エアコンを（　　　　）」　　B「ええ、おねがいします」
　　① つけたほうがいいですよ　　　② つけましょうか

問題Ⅲ　「たら」か「ても（でも）」を使って、一つの文にしてください。

れい）　さむい ＋ エアコンをつけてください

　　　→ ＿＿さむかったら＿＿ エアコンをつけてください。

雨がふる ＋ 出かけます　→＿＿雨がふっても＿＿ 出かけます。

1　しらべる ＋ わかりませんでした

　　→＿＿＿＿＿＿＿＿＿＿＿＿＿＿＿＿＿＿わかりませんでした。

2　わからないことばがある ＋ じしょを見てもいいですか

　　→＿＿＿＿＿＿＿＿＿＿＿＿＿＿＿＿、じしょを見てもいいですか。

3　いい大学に入りたい ＋ もっと勉強してください

　　→＿＿＿＿＿＿＿＿＿＿＿＿＿＿＿＿、もっと勉強してください。

4　A「雨 ＋ しあいがありますか」

　　→「＿＿＿＿＿＿＿＿＿＿＿＿＿＿＿＿しあいがありますか」

　　B「いいえ、雨 ＋ しあいはありません」

　　→「いいえ、＿＿＿＿＿＿＿＿＿＿＿＿＿しあいはありません」

5　A「高い ＋ 買いませんか」

　　→「＿＿＿＿＿＿＿＿＿＿＿＿＿＿＿買いませんか」

　　B「いいえ、高い ＋ 買います」

　　→「いいえ、＿＿＿＿＿＿＿＿＿＿＿＿＿買います」

6　おさけがすきじゃない ＋ 飲まない ＋ いいですよ

　　→＿＿＿＿＿＿＿＿＿＿＿＿＿＿、＿＿＿＿＿＿＿＿＿＿＿＿＿＿＿いいですよ。

7　お金がある ＋ 友だちがいない ＋ 楽しくないと思います

　　→＿＿＿＿＿＿＿＿＿＿＿＿＿、＿＿＿＿＿＿＿＿＿＿＿楽しくないと思います。

問題 I　どちらが正しいですか。

1　朝、人と（ 会う・会った ）とき、「おはようございます」と言います。

2　ごはんを（ 食べる・食べた ）とき、「いただきます」と言います。

3　へやに（ 入る・入った ）ときは、「しつれいします」と言います。

4　朝学校へ（ 来る・来た ）とき、いつもコンビニで昼ごはんを買います。

5　うちへ（ 帰る・帰った ）とき、駅でキムさんに会いました。

6　かぜを（ ひく・ひいた ）ときは、早くねます。

7　祖父は本を（ 読む・読んだ ）とき、めがねをかけています。

8　あそこにいる、黒い上着を（ 着る・着ている ）人は、だれですか。

9　あたまが（ いたかったら・いたくても ）、学校へ行って勉強します。

10　A「北海道はさむかったでしょう」

　　B「いいえ、（ そんなに・あんなに ）さむくなかったです」

11　A「日本料理はすきですか」

　　B「ええ、すきですよ」

　　A「じゃ、さしみも（ どうですか・食べますか ）」

問題 II　上の文の内容とあっていたら〇、ちがっていたら×を書いてください。

1　弟は兄より背が高い。

　　（　　　　）兄より弟の方が背が高い。

2　ここはカンさんが住んでいたアパートです。

　　　　（　　　　）カンさんは今、このアパートに住んでいる。

　　　　（　　　　）カンさんは今、このアパートに住んでいない。

3　この大学は、英語ができなくても入学することができます。

　　　　（　　　　）この大学に入学できるのは、英語ができる人だけです。

　　　　（　　　　）英語ができなかったら、この大学に入学することはできません。

4　A「いつがいいですか」

　　B「日曜日じゃなかったら、いつでもいいです」

　　（　　　　）日曜日もひまです。

　　（　　　　）日曜日は時間があります。

　　（　　　　）日曜日だけ時間がありません。

　　（　　　　）月曜日から土曜日はだいじょうぶです。

問題Ⅲ　（　　　　）に助詞を書いてください。

1　A「犬（　　　　）ねこ（　　　　）どちら（　　　　）すきですか」

　　B「私はねこ（　　　　）方（　　　　）すきです」

　　C「私はどちら（　　　　）すきです」

2　A「何時にミーティング（　　　　）始めますか」

　　B「山田さん（　　　　）来たら、始めましょう」

3　A「あのへやにだれ（　　　　）いますか」

　　B「ええ、鈴木さん（　　　　）います」

問題Ⅳ　つぎのぶんしょうを読んで、（　　　　）に名前を書いてください。

　私と母の間にいるのがリンさんです。先週からうちにホームステイしています。その後ろがキムさん、キムさんの左にいるのはスミスさんです。私の後ろは田中さんです。

問題 I　上の文の内容とあっていたら○、ちがっていたら×を書いてください。

1　先週読んだ本はおもしろかった。友だちのランさんに「ランさんもこの本をぜひ読んで」
と言った。

（　　　）私は先週この本を読んだ。

（　　　）ランさんも先週この本を読んだ。

2　ジョンさんはテニスが上手だから、休みの日にときどき教えてもらう。テニスをした後
でいつも駅の近くにあるレストランでいっしょに食事をする。

（　　　）私はジョンさんにときどきテニスを教えている。

（　　　）テニスの後で行くレストランは駅の近くにある。

3　うちのきんじょには、朝ジョギングをしているわかい人がたくさんいる。その人たちを
見ていると、私も走りたくなる。

（　　　）私は毎朝ジョギングをしている。

（　　　）私はわかい人に「ジョギングをしたい」と言った。

問題 II　（　　　）に入るものを下からえらんでください。

れい）　映画館に入る前に（　　⑤　　）。

1　ごはんの前に（　　　　）。

2　駅に着いたら（　　　　）。

3　先生にテストを出した後で（　　　　）。

4　いつもねる前に（　　　　）。

5　電車にのってから（　　　　）。

6　仕事を始める前に（　　　　）。

7　レポートを書いたら（　　　　）。

①にっきを書きます

②手をあらいましょう

③つくえの上をかたづけました

④電話してください。むかえに行きます

⑤チケットを買わなければなりません

⑥わすれものに気がつきました

⑦Eメールで送ってください

⑧答えを思い出しました

問題Ⅲ　（　　　　）に助詞を書いてください。いらないときは×を書いてくだ
　　　　さい。

1　A「富士山（　　　　）のぼったことがありますか」

　　B「はい、一度（　　　　）のぼりました」

　　C「私は一度（　　　　）のぼったことがありません」

2　A「ここ（　　　　）名前を書いてください」

　　B「アルファベット（　　　　）いいですか」

　　A「いいえ、カタカナ（　　　　）おねがいします」

問題Ⅳ　二つの文を一つにしてください。

れい）　私は学生です。＋ マレーシアから来ました。

　　　　→ 　私はマレーシアから来た学生です　　。

1　これは本です。＋ きのう駅前の本屋で買いました。

　　　→ これは＿＿＿＿＿＿＿＿＿＿＿＿＿＿＿＿＿＿＿＿＿＿＿＿＿＿。

2　チンさんは今、料理を作っています。＋ それはカレーです。

　　　→ チンさんが今＿＿＿＿＿＿＿＿＿＿＿＿＿＿＿＿＿＿＿＿＿＿。

3　私はきのうにんぎょうを買いました。＋ それをグエンさんにあげました。

　　　→ 私は＿＿＿＿＿＿＿＿＿＿＿＿＿＿＿＿＿＿＿＿＿＿＿＿＿＿。

4　ここは工場です。＋ ここで車をつくっています。

　　　→ ここは＿＿＿＿＿＿＿＿＿＿＿＿＿＿＿＿＿＿＿＿＿＿＿＿。

5　これはくだものです。＋ 私の国には、このくだものはありません。

　　　→ これは＿＿＿＿＿＿＿＿＿＿＿＿＿＿＿＿＿＿＿＿＿＿＿＿。

問題I　質問に答えてください。

1　A「すみません。写真をとってくれませんか」

　　B「いいですよ」

　　　→ 写真をとる人は？　　　　　　　　　　　　　　　（A・B）

2　A「すみません。写真をとってもいいですか」

　　B「ええ、どうぞ」

　　　→ 写真をとる人は？　　　　　　　　　　　　　　　（A・B）

3　A「すみません、この漢字、読んでもらえませんか」

　　B「いいですよ。見せてください」

　　　→ 漢字を読む人は？　　　　　　　　　　　　　　　（A・B）

　　　→ 読み方を教えてもらう人は？　　　　　　　　　　（A・B）

問題II　つぎのぶんしょうを読んで、質問に答えてください。

（1）

> 　きのうは休みだった。朝、こうえんをさんぽした。すずしくて気持ちがよかった。コンビニでジュースを買って飲んだ。コンビニの前で、ヨウさんに会った。ヨウさんは買い物に行くと言っていた。うちへ帰る前に図書館へ行って本を借りた。夜、しゅくだいが終わってから、その本を読んだ。とてもおもしろかった。

問　どのじゅんばんでしましたか。

こうえんをさんぽした　→ ____________ → ____________ → ____________

　　　　　　　　　　　→ ____________ → ____________ → ____________

① 図書館へ行った　　② ヨウさんに会った　　③ 図書館で借りた本を読んだ

④ コンビニへ行った　　⑤ しゅくだいをした　　⑥ うちへ帰った

（2）

これは私が住んでいる町の駅前の地図です。駅を出ると右にスーパー、左に銀行とゆうびんきょくがあります。道をわたって、左のかどが本屋、右のかどがコンビニです。そのとなりがパン屋で、ここのパンはとてもおいしいです。そのとなりは花屋です。次のかどを左にまがって50メートルくらい行くと、こうえんの手前*1にしやくしょがあります。しやくしょの前は病院で、そのむこう*2にやっきょくがあります。

＊1　手前：Before　面前　Ngay phía trước　　＊2　むこう：After　対面　Phía bên kia

問　絵を見て、つぎの建物が①〜⑫のどこにあるか書いてください。

1 銀行（　　　　　　）　　2 スーパー（　　　　　　）　　3 コンビニ（　　　　　　）

4 花屋（　　　　　　）　　5 本屋（　　　　　　）　　6 しやくしょ（　　　　　　）

7 病院（　　　　　　）　　8 やっきょく（　　　　　　）

問題Ⅲ　（　　　　）に助詞を書いてください。

1 「すみません、私のぼうし（　　　　）ありません。だれ（　　　　）知りませんか」

2 「きれいな写真ですね。だれ（　　　　）とったんですか」

3 「この写真、だれ（　　　　）とってもらったんですか」

4 きのう、かぜ（　　　　）ひいて、学校（　　　　）休んだ。

5 あした天気（　　　　）よかったら、山（　　　　）のぼりたいと思っている。

問題 I　質問に答えてください。

1　A「すみません、その写真を見てもいいですか」

　B「いいですよ。どうぞ」

　　→ 写真を見せる人は？　　　　　　　　　　　　　　　　　　　　（A・B）

2　山田さんにドアを開けてもらいました。

　　→ ドアを開けた人は？　　　　　　　　　　　　　　　　（私・山田さん）

3　姉は今日、私が母に買ってもらったネックレスをして出かけました。

　　→ ネックレスを買った人は？　　　　　　　　　　　　　（私・姉・母）

　　→ 今日、ネックレスをして出かけた人は？　　　　　　　（私・姉・母）

　　→ ネックレスはだれのですか？　　　　　　　　　　　　（私・姉・母）

問題 II　しやくしょまでどうやって行きますか。つぎのぶんしょうを読んで、正しい絵をえらんでください。

> 　家から歩いて駅まで行って、京名線にのります。大橋駅でちかてつにのりかえて「市役所前」でおります。駅前にしやくしょがあります。家の近くの駅前からバスがありますが、時間がかかりますからあまりのりません。

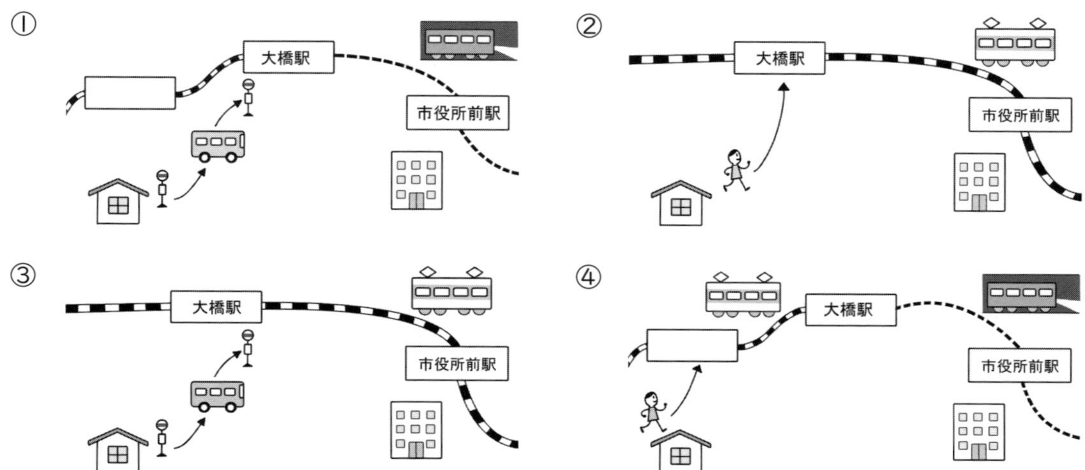

問題Ⅲ　　どれがいいですか。

1　日本語の映画を見ました。（ あまり・だいたい・とても ）わかりました。

2　あしたは（ きっと・ぜひ・ぜんぜん ）雨がふると思います。

3　チンさんはビールを（ たくさん・とても ）飲みます。

4　冬休みに（ 自分で・一人で ）京都へ旅行に行きました。

5　「カンさん、今日も（ また・まだ ）ちこくですよ。どうしたんですか」

6　（ また・まだ ）北海道へ行ったことがありません。（ きっと・ぜひ ）行きたいです。

7　私は英語が（ あまり・ぜんぜん・だいたい ）上手じゃありません。

8　A「もうレポートを書きましたか」

　　B「いいえ、（ これから・それから ）書きます」

問題Ⅳ　　つぎのぶんしょうを読んで、内容とあっていたら○、ちがっていたら×を書いてください。

日曜日、マリアさんのうちでジョンさんのたんじょうパーティーをしました。パーティーは1時からでしたが、私は11時ごろ行って、マリアさんと料理を作りました。ジョンさんは去年マリアさんにもらったシャツを着ていました。アンさんは花を、私はワインをジョンさんにプレゼントしました。

1　（　　　　）ジョンさんはアンさんに花をもらいました。

2　（　　　　）私はパーティーが始まってから行きました。

3　（　　　　）私はジョンさんにワインをあげました。

4　（　　　　）パーティーの料理は二人で作りました。

5　（　　　　）日曜日、マリアさんはジョンさんにシャツをあげました。

6　（　　　　）日曜日、ジョンさんの家でパーティーがありました。

問題Ⅰ （　　　）に入るものを下からえらんでください。

れい）　私のへやは広いです。そして（　　①　　）。

1　ばんごはんの後、日本語を勉強しました。それから（　　　　　）。

2　ニュンさんとグエンさんは日本語学校ではじめて会いました。そして（　　　　　）。

3　「このくすりを1日3かい飲んでください。それから（　　　　　）」

4　毎ばんねる前に母にメールを送ります。そして（　　　　　）。

5　姉は、こいびとはいますが、（　　　　　）。

6　日本料理はすきだけど、高いから（　　　　　）。

① きれいです　　　　　　　　② あまりきれいじゃありません

③ あまり食べません　　　　　④ よく食べます

⑤ おふろに入りました　　　　⑥ こんばんはおふろに入らないでください

⑦ にっきを書きます　　　　　⑧ 母からメールが来ます

⑨ 5年後にけっこんしました　⑩ けっこんはしていません

問題Ⅱ （　　　）に助詞を書いてください。

1　（きっさてんで）A「コーヒー（　　　）おねがいします」

　　　　　　　　　B「私（　　　）コーヒー」

　　　　　　　　　C「私（　　　）ミルクティー（　　　）します」

2　（ノックして）「だれ（　　　）いませんか」

3　北海道（　　　）沖縄（　　　）、日本全国（　　　）旅行したい。

4　「このしょるいは黒（　　　）青のボールペン（　　　）書いてください」

5　きのう教室（　　　）本（　　　）わすれた。

6　このバッグは色（　　　）デザイン（　　　）いい。

7　「つかれましたね。どこ（　　　）でお茶でも飲みましょう」

問題Ⅲ　つぎのメールを読んで、質問に答えてください。

ゆきさん

お元気ですか。リーです。
いっしょに旅行してから、もう1年たちますね。
早いですね。

先月は、会社の人たちとお花見をしました。
ゆきさんが「さくらがとてもきれいだった」と教えてくれた上野こうえんへ行きました。
昼ごはんをみんなで食べて、大きいいけでボートにのったり、バドミントンをしたりしました。

夏休みの旅行はどこへ行きましょうか。
そろそろ考えませんか。
行きたいところを教えてください。

リー・ジャンウェン

問　正しくないものを一つえらんでください。

① これはリーさんがゆきさんに送ったメールだ。

② ゆきさんとリーさんは1年くらい前にいっしょに旅行した。

③ 先月、リーさんはゆきさんの会社の人たちと上野こうえんでお花見をした。

④ ゆきさんはリーさんが会社の人たちと行った上野こうえんへ行ったことがある。

⑤ ゆきさんとリーさんは夏休みに旅行するが、行くところはきまっていない。

問題 I　（　　）に助詞を書いてください。いらないときは×を書いてください。

1　私のクラス（　　）は、中国人（　　）四人（　　）、ベトナム人（　　）二人（　　）います。

2　「あそこ（　　）高い山（　　）見えますね。あれは何（　　）いう山ですか」

3　たんじょう日（　　）、友だち（　　）花をもらいました。

4　これは父（　　）買ってくれた（　　）時計です。

5　私は、母（　　）うち（　　）出てから朝ごはん（　　）食べました。

6　私は日本料理（　　）大すきです。でも、なっとうだけ（　　）あまりすきじゃありません。

7　1週間（　　）1かい、たいいく館（　　）バスケットボールをしています。

8　このりんごは1こ（　　）120円です。

問題 II　上の文の内容とあっていたら○、ちがっていたら×を書いてください。

1　私たちはヘレンさんが作ったケーキを食べた。

　　（　　）ケーキを作った人はヘレンさんだ。

　　（　　）ヘレンさんはみんなといっしょにケーキを作った。

2　フランスへ行ったときにすてきなバッグを買った。

　　（　　）フランスですてきなバッグを買った。

3　毎朝会社へ行くときにコーヒーを買う。

　　（　　）毎朝会社に着いたらコーヒーを買う。

4　チンさんはパーティーに行かないと思う。

　　（　　）チンさんはパーティーに行きたくないと思っている。

　　（　　）私は、チンさんはパーティーに行かないだろうと思う。

5　この白いくすりは毎食後とねる前に飲んでください。

　　（　　　　）この白いくすりは1日4かい飲まなければならない。

問題Ⅲ　つぎのメールを読んで、内容とあっていたら〇、ちがっていたら×を書いてください。

鈴木健一様

こんにちは。チョウです。メール、ありがとうございました。

お元気ですか。大学はどうですか。

私は国へ帰ってから、毎日とてもいそがしいです。

でも、仕事はおもしろいですよ。

そつぎょうする前に、ぜひ私の国へ遊びに来てください。

家族も待っています。

大学の勉強はたいへんだと思いますが、がんばってくださいね。

ではお元気で。

またメールします。

チョウ・シン　chou@abcd.com

1　（　　　　）チョウさんは今、日本ではたらいている。

2　（　　　　）鈴木さんは学生で、大学で勉強している。

3　（　　　　）チョウさんは仕事があまりすきではない。

4　（　　　　）チョウさんの家族は鈴木さんに会いたいと思っている。

5　（　　　　）このメールの前に、鈴木さんは国へ帰ったチョウさんにメールを送った。

ウォーミングアップ

第13回〜第26回

問題Ⅰ　下のひょうをかんせいさせてください。

辞書形	意向形	命令形	禁止形	可能形 （可能動詞）
する	しよう	しろ	するな	できる
来る				
食べる				
起きる				
言う				
行く				
話す				
立つ				
死ぬ				
読む				
走る				

問題Ⅱ　「～んです」のかたちにして書いてください。

1　A「いつ日本へ（来る→　　　　　　　）んですか」
　　B「先月です」

2　A「きのう、どうして（休む→　　　　　　　）んですか」
　　B「すみません、あたまが（いたい→　　　　　　　）んです」

3　A「リンさん、このごろ元気がないですね。どう（する→　　　　　　　）んですか」
　　B「ちょっと、しんぱいなことが（ある→　　　　　　　）んです」

4　「あ、私のケーキがありません。だれが（食べる→　　　　　　　）んですか！」

5　A「にんじん、（食べない→　　　　　　　）んですか」
　　B「ええ、（きらい→　　　　　　　）んです」

6　A「来週のパーティー、（行かない→　　　　　　　）んですか」

　　B「すみません、日曜日から（旅行→　　　　　　　）んです」

7　「すみません、図書館へ（行きたい→　　　　　　　）んですが……」

問題Ⅲ　「自動詞／他動詞」を書いて、ひょうをかんせいさせてください。

自動詞	他動詞	自動詞	他動詞
（電気が）つく			（電話を）かける
（電気が）きえる			（色を）かえる
（ドアが）開く			（仕事を）始める
（ドアが）閉まる			（子どもを）起こす
（車が）止まる			（ものを）こわす
（おんどが）上がる			（紙を）やぶる
（おんどが）下がる			（たまごを）わる
（服が）かわく			（ものを）ならべる
（時計が）なおる			（ペンを）おとす
（へやに）入る			（ものを）集める
（へやから）出る			（よていを）きめる

問題Ⅳ　「受け身形」にしてください。

1　する　→

2　来る　→

3　食べる　→

4　見る　→

5　開ける　→

6　話す　→

7　待つ　→

8　よぶ　→

9　読む　→

10　とる　→

11　わらう　→

問題V　（　　　　）のことばを正しいかたちにしてください。

1　この町は10年前より人が（多い→　　　　　　　　）なった。

　　そして、こうつうが（べんり→　　　　　　　　）なった。

2　春に（なる→　　　　　　　　）とさくらがさく。

3　「字が（きたない→　　　　　　　　）ので読みにくいです。

　　もっと（きれい→　　　　　　　　）書いてください」

4　あついので、かみを（みじかい→　　　　　　　　）切った。

5　あのレストランは（おいしい→　　　　　　　　）けど、ちょっとねだんが

　　（高い→　　　　　　　　）と思う。

6　田中さんは（明るい→　　　　　　　　）し、（まじめ→　　　　　　　　）し、

　　とてもいい人です。

7　あの歌手は歌も（上手→　　　　　　　　）し、ダンスも（上手→

　　　　　　　　　　）ので人気がある。

8　日曜日は（ひま→　　　　　　　　）から、どこかへあそびに行きたい。

9　今日は仕事が（いそがしい→　　　　　　　　）ので、とてもつかれた。

10　A「どこへ行くか、もう（きめる→　　　　　　　　）か」

　　B「いいえ、まだ（きめる→　　　　　　　　）」

11　A「お姉さんはどくしんですか」

　　B「いいえ、けっこん（する→　　　　　　　　）」

12　兄は、去年、けっこん（する→　　　　　　　　）。

13　病気のときは、ゆっくり（休む→　　　　　　　　）方がいい。

14　私はいつも音楽を（聞く→　　　　　　　　）ながらさんぽする。

15　夏休みになったら国へ（帰る→　　　　　　　　）と思う。

16　大学をそつぎょうしたら、日本で（はたらく→　　　　　　　　）つもりだ。

17　あしたは6時に（起きる→　　　　　　　　）ばなりません。

18　「たろう、早く（起きる→　　　　　　　　）なさい」

問題Ⅵ 「〜そうだ」（伝聞）のかたちにして書いてください。

れい）天気よほうを見ました：あしたは雨がふります。 → ＿＿あしたは雨がふる＿＿ そうです。

1 ニュースを見ました：きのう、北海道で雪がふりました。

　→ きのう、＿＿＿＿＿＿＿＿＿＿＿＿＿＿＿＿＿＿そうです。

2 本で読みました：このへんはむかし、海でした。

　→ このへんはむかし、＿＿＿＿＿＿＿＿＿＿＿＿＿＿そうです。

3 友だちに聞きました：チンさんは先週国へ帰りました。

　→ チンさんは＿＿＿＿＿＿＿＿＿＿＿＿＿＿＿＿＿＿そうです。

4 友だちが言いました：富士山にのぼりたいです。

　→ 友だちは＿＿＿＿＿＿＿＿＿＿＿＿＿＿＿＿＿＿＿そうです。

5 友だちが言いました：あのレストランは安くておいしいです。

　→ あのレストランは＿＿＿＿＿＿＿＿＿＿＿＿＿＿＿そうです。

6 国の母からメールが来ました：家族はみんな元気ですよ。

　→ 家族は＿＿＿＿＿＿＿＿＿＿＿＿＿＿＿＿＿＿＿＿そうです。

7 国の友だちからメールが来ました：きのうはとてもあつかったよ。

　→ きのうは＿＿＿＿＿＿＿＿＿＿＿＿＿＿＿＿＿＿＿そうです。

8 先ぱいが言いました：来年、国へ帰るつもりです。

　→ 先ぱいは＿＿＿＿＿＿＿＿＿＿＿＿＿＿＿＿＿＿＿そうです。

9 山田さんが言いました：来週のミーティングにはさんかできません。

　→ 山田さんは＿＿＿＿＿＿＿＿＿＿＿＿＿＿＿＿＿＿そうです。

10 王さんが言いました：去年は一度も帰国しませんでした。

　→ 王さんは＿＿＿＿＿＿＿＿＿＿＿＿＿＿＿＿＿＿＿そうです。

問題 I　どちらがいいですか。

1　田中「もしもし、リンさん、こんばんは。今、いいですか」

　　リン「（　　　　　　）。今、食事しているので……」

　　　　① よくないです　　　　　　　　　　② すみません

2　先生　　「そつぎょうおめでとうございます」

　　アイシャ「ありがとうございます。（　　　　　　）」

　　　　① 先生のじゅぎょうはよくわかりました　② 先生はよく教えました

3　客　「あの、もっと大きいのはありますか」

　　店員「はい、こちらです」

　　客　「うーん……。（　　　　　　）」

　　　　① すみません、買いません　　　　　② すみません、また来ます

4　店員「いらっしゃいませ」

　　客　「（　　　　　　）。かぜぐすりがほしいんですけど……」

　　　　① いらっしゃいませ　　　　　　　　② すみません

問題 II　（　　　）に助詞を書いてください。いらないときは×を書いてください。

1　山の上（　　　）海（　　　）見えた。

2　1週間（　　　）3かい、アルバイト（　　　）行く。

3　私は来週（　　　）、友だち（　　　）京都（　　　）あそび（　　　）行く。

4　私はきのう（　　　）、母（　　　）電話（　　　）かけた。

5　りんご（　　　）二つ（　　　）、みかん（　　　）五つ（　　　）買った。

6　東京（　　　）大阪（　　　）しんかんせん（　　　）何時間（　　　）かかりますか。

7　先週1週間（　　　）仕事（　　　）休んだ。

8　きのう図書館で、本を3さつ（　　　）借りた。

9　私は大阪（　　　）生まれた。今は東京（　　　）住んでいる。

問題Ⅲ　どちらが正しいですか。

1　きのう家に（帰る・帰った）とき、道で転んでけがをしてしまいました。

2　友だちが日本へ（来る・来た）ときは、いつもいっしょに食事します。

3　「すみません、この漢字の読み方を教えて（もらいますか・もらえますか）」

4　どこへ行くか、まだ（きめません・きめていません）。

5　車の運転が（します・できます）か。

6　漢字が300字読めるように（しました・なりました）。

7　パンダは何が（すきだと・すきか）知っていますか。

8　山田先生が何時に学校へ（来るか・来るかどうか）教えてください。

問題Ⅳ　（　　　　）に入るものを下からえらんでください。

1　A「どうしたんですか」

　　B「さいふをおとしたんです」

　　A「ええっ？　すぐけいさつへ（　　　　　　）よ」

2　A「来週、京都へ行こうと思っているんですが……」

　　B「そうですか。いいですね。ホテルをよやく（　　　　　　）よ」

3　A「かお色が悪いですね」

　　B「ちょっとねつがあるんです」

　　A「それはいけませんね。むりを（　　　　　　）よ」

4　A「道がこんでいると思いますから、車で（　　　　　　）よ」

　　B「わかりました。電車で行きます」

①　行ったほうがいいです　　②　行かないほうがいいです

③　したほうがいいです　　④　しないほうがいいです

問題 I　どちらが正しいですか。

1　私はいつもねる前に電気をけします。（　　　　　）ねられないので。

　　① くらくないと　　　　② 明るくないと

2　祖母は（　　　　　）、小さい字が読みにくいそうです。

　　① めがねをかけると　　　② めがねをかけないと

3　（　　　　　）、この図書館を使うことはできません。

　　① この学校の学生は　　　② この学校の学生じゃないと

4　（　　　　　）、さくらはさきません。

　　① 春になると　　　　　② 春にならないと

5　（　　　　　）、鳥のこえが聞こえます。

　　① しずかだと　　　　　② しずかじゃないと

6　（　　　　　）、このボタンをおさないと、飲み物は出てきません。

　　① お金を入れると　　　② お金を入れても

7　つくえの上を（　　　　　）、きれいにしました。

　　① かたづけて　　　　　② かたづけると

問題 II　（　　　　）のことばを正しいかたちにしてください。

1　（夏休みです→　　　　　　　　　　　）から、どこかへ行きたいなあ。

2　あしたはアルバイトが（ありません→　　　　　　　　　　）から、あそびに行こう。

3　今日は（休みです→　　　　　　　　　）ので、へやをそうじします。

4　ヤンさんは（親切です→　　　　　　　　　）ので、人気があります。

5　よく（聞こえません→　　　　　　　　　）ので、大きいこえでおねがいします。

6　（天気よほうで）「あしたは（はれます→　　　　　　　　）でしょう。

　　　　　　　雨は（ふりません→　　　　　　　　）でしょう」

7　「のどが（かわきました→　　　　　　　　）でしょう。何か飲みますか」

8　「おつかれさま。仕事、（たいへんでした→　　　　　　　　　　）でしょう」

問題Ⅲ　（　　　）に助詞を書いてください。

1　山田さん（　　　）漢字の読み方（　　　）教えてもらいました。

2　けしゴムがなくてこまっていたら、となりのせきの人（　　　）貸してくれました。

3　ヤンさんは友だち（　　　）料理を作ってあげました。

4　一郎くんはお父さん（　　　）くつをみがいてあげました。

5　道で子どもがないていたので、私はその子（　　　）こうばんへつれていってあげました。

6　兄が私（　　　）にもつを持ってくれました。

7　女の子は小さい妹（　　　）手をあらってあげました。

8　このネックレスはこいびと（　　　）プレゼントしてもらったものです。

問題Ⅳ　どれがいいですか。

1　A「きのう、ベトナム料理のレストランへ行きました」

　　B「（ それ・そこ・その ）レストランはどこにあるんですか」

　　A「〇〇駅の駅前です。（ それ・そこ・その ）でバインミーという料理を食べました」

　　B「（ それ・そこ・その ）はどんな料理ですか」

2　A「夏休みに国へ帰ろうと思っています」

　　B「（ それ・そこ・その ）はいいですね」

3　きのう、ひさしぶりにむかしの友だちに会いました。（ この・その・あの ）人は小学校のとき同じクラスでした。

4　A「妹さんは（ まだ・もう ）学生ですよね」

　　B「いいえ、（ まだ・もう ）そつぎょうして、はたらいています」

5　A「レポートは（ まだ・もう ）書けましたか」

　　B「（ まだ・もう ）です。もうすぐ終わります」

問題 I　どちらが正しいですか。

1　料理が（　　　　）、テーブルにならべてください。

　　① できると　　　　　　② できたら

2　弟が東京へ（　　　）、いっしょにディズニーランドへ行きたいです。

　　① 来ると　　　　　　② 来たら

3　パスポートをなくしてしまったんですが、どう（　　　）。

　　① するといいですか　　② したらいいですか

4　「あした、（　　　）、こうえんでおべんとうを食べませんか」

　　① いい天気だと　　　　② いい天気だったら

5　A大学は大学までがんしょを（　　　）。送ってもいいです。でもB大学は（　　　　）。

　　① 持っていかなければなりません　　② 持っていかなくてもいいです

6　試験のときは名前を（　　　　）が、これはアンケートですから（　　　　）。

　　① 書かなければなりません　　　　② 書かなくてもいいです

問題 II　（　　　）の中からことばをえらんで、正しいかたちにして書いてください。

1　（ 開く・開ける ）

　「この電車はもうすぐ駅に着きます。左がわのドアが（　　　　　　　）から、注意してください」

2　（ つく・つける ）

　このスイッチをおすと電気が（　　　　　　　）、明るくなります。

3　（ ならぶ・ならべる ）　　「このいすをあちらに（　　　　　　　）ください」

4　（ きえる・けす ）

　このボールペンで書いた字は（　　　　　　　）ことができる。

5　（ 止まる・止める ）　　「自転車はあそこに（　　　　　　　）ください」

6　（ 閉まる・閉める ）　　「ドアはしずかに（　　　　　　　）ましょう」

7　（ かかる・かける ）　　ドアにかぎを（　　　　　　　　）のをわすれました。

8　（ 入れる・入る ）／（ やぶる・やぶれる ）

「そんなにたくさん（　　　　　　　　）ら、ふくろが（　　　　　　　　）よ」

9　（ おちる・おとす ）／（ わる・われる ）

おさらを（　　　　　　　　）、（　　　　　　　　）しまった。

10　（ 始まる・始める ）／（ 入れる・入る ）

「じゅぎょうが（　　　　　　　　）。早く教室に（　　　　　　　　）ください」

11　（ きえる・けす ）／（ つく・つける ）

「火が（　　　　　　　　）た。もう一度（　　　　　　　　）ください」

12　（ 集まる・集める ）／（ 出す・出る ）

先生「はい、みなさん、しゅくだいを（　　　　　　　　）よ」

学生「すみません、わすれました。あした（　　　　　　　　）もいいですか」

問題Ⅲ　（　　　　）に助詞を書いてください。

1　「ここ（　　　）名前（　　　）カタカナ（　　　）書いてください」

2　いいにおい（　　　）する。何（　　　）においだろう。

3　日本では、12さい（　　　）小学校（　　　）そつぎょうして、中学校（　　　）入学する。

4　きのう、友だちのけっこんしき（　　　）しゅっせきした。

5　A「夏休み、どこへ行く（　　　）?」

　　B「沖縄へ行くつもり」

　　A「へえ、いいなあ」

6　A「この仕事、一人（　　　）できますか」

　　B「ええ、だいじょうぶです」

問題Ｉ　どちらがいいですか。

1　「今度友だちのけっこんしきに行くんですが、（　　　　　）」

　　① 何を着たらいいんですか　　② 行かないほうがいいですか

2　「夏に北海道へ行くんですが、（　　　　　）」

　　① いいホテルを知っていたら教えてください

　　② どうしたらいいか教えてください

3　A「夏休み、国へ帰るんですか」　　B「いいえ、今年は（　　　　　）」

　　① いそがしいからです　　　　② いそがしいので

4　A「勉強のしかたがわからないんですが……」

　　B「先ぱいのリンさんに（　　　　　）」

　　① 聞きませんか　　　　　　② 聞いたらどうですか

5　「先生、来週の金曜日、クラスのみんなでごはんを食べに行くんですが、先生も

　（　　　　　）」

　　① 来てくださいませんか　　② 来たいですか

6　A「どうしてちこくしたんですか」　　B「すみません、（　　　　　）」

　　① 電車がおくれたから　　　② 電車がおくれたので

7　A「このおもちゃ、どうして動かないんでしょう」

　　B「たぶん、（　　　　　）でしょう」

　　① でんちが切れたから　　　② でんちが切れたので

問題Ⅱ　（　　　　　）に助詞を書いてください。

1　ニュース（　　　　）よると、駅の前（　　　　）こうつうじこ（　　　　）あったそうだ。

2　「田中さん、すみません、あしたのパーティーに行けなくなった（　　　　）、カンさん

　（　　　　）つたえてもらえますか」

3　リンさんがどこに住んでいる（　　　　）知っていますか。

4　いそがしかったから、5分（　　　　）昼ごはんを食べました。

問題Ⅲ　（　　　　）に入るものを下からえらんでください。

1　子どもがねているので（　　　　　　）。

2　地しんで水道が止まって（　　　　　　）。

3　国の友だちからのメールによると、（　　　　　）。

4　テレビのニュースで見たんですが、（　　　　　）。

① シャワーがあびられません　　　　　② しずかにしてもらえませんか

③ 自分で料理を作るようになりました　④ みんなでいっしょに行きましょう

⑤ 日本に住む外国人がふえているそうですね　⑥ かのじょは来月日本へ来るそうです

問題Ⅳ　絵を見て、正しいものをえらんでください。

1

① ここにすわったらどうですか。

② ここにすわった方がいいですか。

③ ここにすわってもいいですか。

2

① 病院へ行った方がいいですよ。

② 病院へ行かなくてもいいですよ。

③ 病院へ行ったことがありますか。

3

① じしょを見ない方がいいです。

② じしょを見てはいけません。

③ じしょを見なくてもいいです。

問題I　どちらが正しいですか。

1　「へやがきたないですよ。そうじして、きれいに（ して・なって ）ください」

2　「あつく（ し・なり ）ましたね。エアコンをつけてすずしく（ し・なり ）ましょう」

3　かみのけを金色に（ した・なった ）ら、母がおこると思います。

4　「夜に（ する・なる ）とさむいですから、あたたかく（ して・なって ）出かけたほう

　　がいいですよ」

5　今年の夏は京都へ旅行（ する・しよう ）と思っている。

6　友だちがとおくへひっこして、さびしく（ した・なった ）。

7　毎日会話のれんしゅうをして、（ 話す・話せる ）ようになった。

8　A「むすこさん、大きく（ した・なった ）でしょうね」

　　B「ええ、もうすぐ1さい半に（ します・なります ）」

9　グエンさんは大学をそつぎょうしたら、大学院へ行こうと（ 思います・思っています ）。

10　私は小さいときから日本へりゅうがくしたいと（ 思いました・思っていました ）。

11　あしたは風が強いと（ 思います・思っています ）。台風が来ていますから。

問題II　（　　　）に助詞を書いてください。

1　シンさんはとり肉（　　　）食べますが、ぶた肉（　　　）食べません。

2　ひどいかぜをひきました。ねつ（　　　）高いし、せき（　　　）ひどいです。

3　スマホを買うとき、在留カード（　　　）いります。

4　やくそくの時間（　　　）おくれてしまった。

5　「私はあなたの意見（　　　）はんたいです」

6　台風（　　　）はし（　　　）こわれた。

7　A「サッカーの方（　　　）すきですか。やきゅうの方（　　　）すきですか」

　　B「どちら（　　　）すきです。スポーツは何（　　　）すきです」

問題Ⅲ　どちらがいいですか。

1　いっしょうけんめい勉強したので、（　　　　　）。

　　　① テストのてんがよかったです　　　② テストのてんが悪かったです

2　けがをして、サッカーのしあいに（　　　　　）。

　　　① 出るようになりました　　　② 出られなくなりました

3　ねぼうして、かいぎに（　　　　　）。

　　　① 間にあいませんでした　　　② ちこくしませんでした

4　あのホテルはきれいだし、へやも広いし、（　　　　　）。

　　　① 駅からとおくてふべんです　　　② まどから見えるけしきもいいです

5　旅行に行こうと思っていたんですが、仕事で（　　　　　）。

　　　① 行きませんでした　　　② 行けませんでした

6　「おくれるかもしれませんが、（　　　　　）」

　　　① かならず行きます　　　② 先に行ってください

問題Ⅳ　上の文の内容とあっていたら○、ちがっていたら×を書いてください。

1　きのうはリンさんのたんじょう日だった。お父さんから時計を、お姉さんからネックレスをもらったそうだ。私は花をあげた。

　　（　　　　）お姉さんはリンさんにネックレスをあげた。

　　（　　　　）私はお姉さんに花をあげた。

2　今、さいふの中に500円しかない。

　　（　　　　）今、さいふの中に500円ある。

3　このレストランはおいしくない。もうここへは来ないつもりだ。

　　（　　　　）もうここへは来たくないと思っている。

問題I　どちらが正しいですか。

1　まどが開いて（ あります・います ）。

2　へやの真ん中にテーブルがおいて（ あります・います ）。

3　テーブルに花がかざって（ あります・います ）。

4　バスていに人がたくさんならんで（ あります・います ）。

5　つくえの下にペンがおちて（ あります・います ）。

6　しりょうはこのはこの中に入れて（ あります・います ）。

7　にわに花がさいて（ あります・います ）。

8　ホワイトボードに字が書いて（ あります・います ）。

9　父は大学で英語を教えて（ あります・います ）。

10　ミンさんはいつもぼうしをかぶって（ あります・います ）。

問題II　下の □ からいいものをえらんで書いてください。

開けろ　　けせ　　けすな　　さわるな　　すてるな　　出ろ　　まけるな

1　ここにごみを（　　　　　　）！　　　　2　がんばれ！（　　　　　　）！

3　火事だ！　外へ（　　　　　　）！　　　4　あぶない！（　　　　　　）！

5　地しんだ！　火を（　　　　　　）！　ドアを（　　　　　　）！

問題III　（　　　）に助詞を書いてください。

1　このしょうせつかはわかい人（　　　　）人気があります。

2　空（　　　　）月（　　　　）出ています。

3　にわ（　　　　）子どもたち（　　　　）あそんでいます。

4　かばん（　　　　）さいふとスマホ（　　　　）入っています。

5　よく考えてから、どの大学（　　　　）うける（　　　　）きめよう（　　　　）思います。

6　2021年（　　　　）東京（　　　　）オリンピック（　　　　）開かれました。

7　弟（　　　　）犬（　　　　）足（　　　　）かまれて、病院へ行きました。

8　エジソン（　　　　）よって発明されたものはたくさんあります。

問題Ⅳ　絵を見て、正しいものをえらんでください。

1　

① かさを貸したらどうですか。

② かさを借りませんか。

③ かさを貸しましょうか。

2　

① ここで写真をとらないでください。

② ここで写真をとらない方がいいです。

③ ここで写真をとらなければなりません。

3　

① ちょっと聞いてください。

② ちょっと聞きたいんですが。

③ ちょっと聞いてあげませんか。

4　

① あいちゃん、ちょっとてつだって。

② あいちゃん、ちょっとてつだえ。

③ あいちゃん、ちょっとてつだおうか。

問題Ⅰ　どちらが正しいですか。

1　天気よほうで、「あしたは雨がふる（ でしょう・と思います ）」と言っていました。

2　A「あした食事に行きませんか。この近くにいいレストランがあるんですよ」

　　B「ええ、（ 行きましょう・行くでしょう ）」

3　A「あ、もう6時ですね。Bさん、いっしょに（ 帰りましょう・帰るでしょう ）」

　　B「ええ。でも、ちょっと待ってください」

4　（クラスでハイキングに行くことになりました）

　　A「Bさんも（ 行きましょう・行くでしょう ）?」

　　B「ごめんなさい、その日はちょっと……」

5　スマホを（ 見て・見ながら ）歩くと、あぶないです。

6　私は着物を（ 着て・着ながら ）出かけるのがすきです。

7　鈴木「田中さん、アランさんはスピーチコンテストに（ 出る・出よう ）と思いますか」

　　田中「ええ、出たいと（ 言いました・言っていました ）から、たぶん（ 出る・出ない ）

　　　　　でしょう」

問題Ⅱ　質問に答えてください。

1　友だちからメールをもらってうれしいです。

　　→メールを送った人は?　　　　　　　　　　　（ 私・友だち ）

　　→うれしい人は?　　　　　　　　　　　　　　（ 私・友だち ）

2　だれかにかさをまちがえられたので、コンビニで買った。

　　→かさをまちがえたのは?　　　　　　　　　　（ 私・だれか ）

　　→かさを買ったのは?　　　　　　　　　　　　（ 私・だれか ）

3　木村さんは帰るときにかちょうに仕事をたのまれて、ざんぎょうしなければならなかった。

　　→仕事をたのんだのは?　　　　　　　　　　　（ 木村さん・かちょう ）

　　→ざんぎょうしたのは?　　　　　　　　　　　（ 木村さん・かちょう ）

4　けいかん＊に車を止められて、びっくりしました。

　　→車を止めたのは？　　　　　　　　　　　　　　　　（　私・けいかん　）

　　→車を運転していたのは？　　　　　　　　　　　　（　私・けいかん　）

＊けいかん（けいさつかん）：Police officer　警察（警官）　Cảnh sát (Cảnh sát viên)

問題Ⅲ　下の絵からいいものをえらんでください。

1　ごみをすてるなという意味です。　　　　　　　　　　　　　　（　　　　　）

2　工事中という意味です。　　　　　　　　　　　　　　　　　　（　　　　　）

3　スマートフォンやけいたい電話を使うなという意味です。　　　（　　　　　）

4　Wi-Fiが使えるという意味です。　　　　　　　　　　　　　　（　　　　　）

5　お金をはらうところは左だという意味です。　　　　　　　　　（　　　　　）

6　さわるなという意味です。　　　　　　　　　　　　　　　　　（　　　　　）

7　ここにこのきかいがおいてあるという意味です。　　　　　　　（　　　　　）

8　こわれていて使えないという意味です。　　　　　　　　　　　（　　　　　）

① 

② 

③ 

④ 

⑤ 

⑥ 

⑦ 

⑧ 

＊　AED：AED (Automated External Defibrillator)　AED（自動体外除細器）
　　　　　AED (Máy khử rung tim ngoài tự động)

問題 I　「受け身」の文にして書いてください。

れい）店長が私をよびました。　→　＿＿私は店長によばれました＿＿。

1　子どもが私の服をよごしました。　→＿＿＿＿＿＿＿＿＿＿＿＿＿＿＿。

2　犬が私の手をかみました。　　　　→＿＿＿＿＿＿＿＿＿＿＿＿＿＿＿。

3　世界中の人がこの歌を歌っています。

　　→＿＿＿＿＿＿＿＿＿＿＿＿＿＿＿＿＿＿＿＿＿＿＿。

4　先生が私の作文をほめたので、私はうれしいです。

　　→＿＿＿＿＿＿＿＿＿＿＿＿＿＿＿て、うれしいです。

5　となりの家の人が夜ピアノをひいたので、ねられませんでした。

　　→＿＿＿＿＿＿＿＿＿＿＿＿＿て、ねられませんでした。

6　雨がふって、ぬれてしまいました。

　　→＿＿＿＿＿＿＿＿＿＿＿＿＿て、ぬれてしまいました。

7　友だちがあそびに来たので、勉強できませんでした。

　　→＿＿＿＿＿＿＿＿＿＿＿＿＿て、勉強できませんでした。

8　赤ちゃんがないて、お父さんはこまっています。

　　→＿＿＿＿＿＿＿＿＿＿＿＿＿て、お父さんはこまっています。

問題 II　どちらが正しいですか。

1　マリーさんにたのんで、ピアノを（ ひかれました・ひいてもらいました ）。

2　私は作文が下手なので、先生に出す前に、友だちに（ 見られました・見てもらいました ）。

3　こいびととの会話を親に（ 聞かれて・聞いてもらって ）はずかしかったです。

4　大事なメモを（ すてられて・すててもらって ）こまっています。

5　スキーにつれて（ 行かれて・行ってもらって ）うれしかったです。

6　れいぞうこに入れておいたケーキを、妹に（ 食べられてしまいました・食べてもらい
ました ）。

問題Ⅲ　（　　　　）に助詞を書いてください。

1　きのう、しゅくだいをする（　　　）（　　　）わすれました。

2　このはさみは、かみのけを切る（　　　）（　　　）使います。

3　私は日本料理を作る（　　　）（　　　）とてもすきです。

4　私（　　　）リンさんにはじめて会った（　　　）は、入学試験のときです。

5　このコピーき（　　）使えませんから、ほかの（　　）使ってください。

6　今週はレポート（　　）あるし、アルバイト（　　）あるし、とてもいそがしい。

問題Ⅳ　上の文の内容とあっていたら○、ちがっていたら×を書いてください。

1　電車の中でせきが一つあいていたが、すわられてしまった。

（　　　）私が立ったので、せきが一つあいた。

（　　　）だれかがあいているせきにすわった。

（　　　）私はすわることができなかった。

2　この間じむ室で中山さんは「トラックの運転ができる」と言っていました。今度、ひっ
こしのてつだいをたのもうと思います。

（　　　）私は今度ひっこすので、中山さんにてつだいをたのもうと思います。

（　　　）私は、中山さんが「私はトラックの運転ができます」と言っているのを
聞きました。

（　　　）中山さんは私にひっこしのてつだいをたのむでしょう。

問題 I　どちらがいいですか。

1　日本へ来るとき、（　　　　　）。

　　① 3年間コンピューターの会社ではたらいていました

　　② 友だちにくうこうまで車で送ってもらいました

2　A「この漢字は何と読みますか」　　B「すみません、（　　　　）」

　　① おぼえません　　② おぼえていません　　③ おぼえませんでした

3　A「どうしたんですか」　　B「今朝、電車の中で（　　　　）」

　　① 足をふまれたんです　　② 私の足がふまれたんです

4　A「すてきなペンですね」

　　B「ありがとうございます。キンさんに（　　　　）」

　　① もらったんです　　　　② もらわれたんです

5　パーティーできらいな料理を友だちに（　　　　）。

　　① 食べられました　　② 食べてもらいました

6　「すみません、（　　　　）」

　　① あたまがいたいから帰ろうと思っています

　　② あたまがいたいので帰ってもいいでしょうか

7　A「お母さん、まどが開いてるよ」　　B「あ、（　　　　）。そうじするから」

　　① 開いておいて　　　　② 開けておいて

8　A「しりょうのコピーは終わりましたか」　　B「はい、もう（　　　　）」

　　① 終わっています　　　　② 終わっておきました

9　A「来週しゅっちょうですね。ホテルは？」　　B「はい、もう（　　　　）」

　　① よやくしてあります　　② よやくしておきます

10　私は一人ぐらしなので、ごはんはたいてい（　　　　）。

　　① 食べながらテレビを見ています　　② テレビを見ながら食べています

問題Ⅱ　（　　　）に助詞を書いてください。

1　A「子どものこえ（　　　　）しますね」

　　B「ええ、近く（　　　　）学校（　　　　）あるんです」

2　「きょう（　　　）用事（　　　）ありますので、お先（　　　）しつれいします」

3　「知っていますか。新しいスマホ（　　　　）発売されましたよ」

4　夏休みに国へ帰る（　　　）帰らない（　　　）、今、考えている。

5　ゆうべ（　　　）、試験（　　　）こと（　　　）しんぱい（　　　）ねられなかった。

問題Ⅲ　まどを開ける人はA、Bどちらですか。

1　A「すみません、まどを開けてもいいですか」　　　　B「いいですよ」　　　　（A・B）

2　A「すみません、まどを開けてもらえませんか」　　　B「いいですよ」　　　　（A・B）

3　A「あついですね。まどを開けましょうか」　　　　　B「そうですね」　　　　（A・B）

4　A「まどを開けてくれる？」　　　　　　　　　　　　B「うん」　　　　　　　（A・B）

5　A「まどを開けてあげようか」　　　　　　　　　　　B「うん」　　　　　　　（A・B）

問題Ⅳ　下の□□□□からいいものをえらんで、正しいかたちにして書いてください。2かい使うことばもあります。

あります　　います　　おきます　　しまいます　　みます

1　「あしたテストがありますから、ふくしゅうして＿＿＿＿＿＿＿＿＿＿＿くださいい」

2　その本はとてもおもしろかったので、1日で読んで＿＿＿＿＿＿＿＿＿＿＿。

3　「きのうたのんだしりょう、もうできて＿＿＿＿＿＿＿＿＿＿＿か」

4　友だちがとってくれた写真は、つくえの上にかざって＿＿＿＿＿＿＿＿＿＿＿。

5　「駅の近くにできた新しいレストランへ行って＿＿＿＿＿＿＿＿＿＿＿せんか」

6　ミスをして、先ぱいにおこられて＿＿＿＿＿＿＿＿＿＿＿。

問題 I　どれが正しいですか。

1　祖母に手紙を書くときは、大きい字で書いて、読みやすく（ する・なる ）。

2　日本へ来て3年です。日本の料理はからくないので、からい料理が食べられなく
（ しました・なりました ）。

3　毎日できるだけやさいを食べるように（ している・なっている ）。

4　私は電車に（ のりながら・のって ）外のけしきを見るのがすきです。

5　弟がいつまでもねているので、父はおこって、「早く（ 起きよう・起きろ ）」と言った。

6　「ここはあぶないから（ 来い・来るな ）！　そこに（ いろ・いるな ）！」

7　あした、友だちが三人うちに来るので、飲み物を買って（ あった・おいた・しまった ）。

8　前のバスが行って（ あった・おいた・しまった ）ので、つぎのバスまで20分も待た
なければならなかった。

9　父のカメラをこわして（ いた・おいた・しまった ）。どうしよう。

10　まどが開いて（ あった・いた・おいた ）ので、閉めて（ あった・いた・おいた ）。

問題 II　（　　　）のことばを正しいかたちにしてください。

1　今の仕事はおもしろいからずっと（つづける→　　　　　　　）つもりです。

2　いそがしいので、夏休みは国に（帰る→　　　　　　　）つもりです。

3　あなたの字は（小さい→　　　　　　　）すぎて、（読む→　　　　　　　）にくいです。
もっと（大きい→　　　　　　　）書いてください。

4　兄は（はたらく→　　　　　　　）すぎて、病気になりました。

5　このスマホの（使う→　　　　　　　）方を教えてください。

6　はじめて日本の電車に（のる→　　　　　　　）とき、（ねる→　　　　　　　）人が多く
ておどろいた。

7　コーヒーにさとうを（入れる→　　　　　　　）飲みますか、それとも
（入れる→　　　　　　　）飲みますか。

8　A「冬休みに北海道へ旅行に行きませんか」

　　B「ええっ、冬の北海道は（さむい→　　　　　　　　）ですか。私、さむいの、きらい

　　　なんです」

問題Ⅲ　上の文の内容とあっていたら○、ちがっていたら×を書いてください。

1　図書館は、来週まで閉まっている。

　　（　　　　　）今、図書館は閉まっている。

2　A「テレビがついていますね」

　　B「ニュースが始まるので、つけてあるんです」

　　（　　　　　）Bさんは、テレビをけすのをわすれた。

　　（　　　　　）Bさんは、ニュースが始まる前にテレビをつけておいた。

3　A「さいふ、おちましたよ」

　　B「あ、ありがとうございます」

　　（　　　　　）さいふをおとしたのはAさんだ。

4　A「Bさん、ちょっといいですか」

　　B「すみません。今、かちょうによばれているので、ちょっと待ってください」

　　（　　　　　）Aさんは少し待たなければならない。

　　（　　　　　）かちょうがAさんをよんでいる。

5　上田さんに映画にさそわれたのだが、いそがしくて行けなかった。

　　（　　　　　）上田さんが私を映画にさそってくれた。

　　（　　　　　）いっしょに映画に行かなかったのは、いそがしかったからだ。

6　旅行に行ったとき、私の名前をよぶ人がいたのでびっくりした。それはかちょうだった。

　　（　　　　　）私は旅行しているときに、かちょうに会った。

　　（　　　　　）かちょうは私がよんだのでびっくりしていた。

問題Ⅰ　どちらが正しいですか。

1　A「まどが開いていますよ。閉めましょうか」

　　B「あ、いいんです。あついから、（ 開いている・開けてある ）んです」

2　A「すみません、（ おさらがわれて・おさらをわって ）しまいました」

　　B「だいじょうぶですか。けがはありませんか」

3　「あそこにポスターが（ はっています・はってあります ）ね。あれは何のポスターで

　すか」

4　テーブルの上に母のメモがありました。

　「お帰りなさい。（ カレーを作っている・カレーが作ってある ）から、食べてね」

5　「（ おそくなって・おそくなったから ）すみません。電車のじこがあって……」

6　「はじめまして。ランです。みなさんに（ 会えて・会えたから ）うれしいです」

7　（ あつくて・あついから ）プールでおよぎたいです。

8　サッカーは（ すきじゃなくて・すきじゃないから ）ぜんぜん見ません。

9　私が学校を（ 休んで・休んだので ）友だちがおみまいに来てくれました。

問題Ⅱ　（　　　）に助詞を書いてください。

1　電車の中（　　　　）かさをわすれてしまった。

2　毎朝、家のまわり（　　　　）30分くらい走っています。

3　日本のまんがは世界中（　　　　）ほんやくされて読まれています。

4　「すみません。おつり（　　　　）出ないんですが……」

5　私の国では、英語とフランス語（　　　）使われている。

6　先週の日曜日、うちの近く（　　）花火大会があった。

7　「そのしりょうは、そこ（　　　）おいておいてください」

8　めざまし時計（　　　）こわれて、仕事（　　　　）おくれてしまった。

問題Ⅲ　質問に答えてください。

1　「アンナさん、お手紙ありがとう。手紙を読んで安心しました」

　　→手紙を書いたのは？　　　　　　　　　　　　　　　　　（ 私・アンナさん ）

　　→安心したのは？　　　　　　　　　　　　　　　　　　　（ 私・アンナさん ）

2　弟が大学にごうかくしたと聞いて、とてもうれしかったです。

　　→大学にごうかくしたのは？　　　　　　　　　　　　　　（ 私・弟 ）

　　→うれしかったのは？　　　　　　　　　　　　　　　　　（ 私・弟 ）

3　カンさんはタイさんに食事にさそわれて、とてもよろこんでいる。

　　→食事にさそった人は？　　　　　　　　　　　　　（ カンさん・タイさん ）

　　→今、よろこんでいる人は？　　　　　　　　　　　（ カンさん・タイさん ）

4　この間、コピーきの使い方がわからなくてこまっていた。そのとき、近くにいた人が教

　えてくれた。コピーをした後で、おれいを言った。

　　→コピーきの使い方を教えた人は？　　　　　　　　（ 私・近くにいた人 ）

　　→おれいを言った人は？　　　　　　　　　　　　　（ 私・近くにいた人 ）

問題Ⅳ　上の文の内容とあっていたら○、ちがっていたら×を書いてください。

> 　子どものとき、やさいがきらいで食べられなかった。よく母に「食べなさい」と
> しかられた。自分で料理を作るようになって、やさいはおいしいと思うようになった。
> でも、子どものときどうしてきらいだったのかは、ぜんぜんおぼえていない。

1　（　　　　）子どものとき、母は、私がやさいを食べないのでしかった。

2　（　　　　）今は「やさいはおいしい」と思っている。

3　（　　　　）子どものときどうしてやさいがきらいだったか、今ではわからない。

4　（　　　　）私は今でもやさいがきらいで食べることができない。

問題Ⅰ　どれがいいですか。

1　試験ですから、じしょを（　　　）書いてください。

　　① 見ないで　　　② 見なくて

2　きのうはどこへも（　　　）、うちでゆっくり休みました。

　　① 行かないで　　② 行かなくて

3　つかれていたので、シャワーを（　　　）ねてしまいました。

　　① あびないで　　② あびなくて

4　「きのうはミーティングに（　　　）すみませんでした」

　　① 出ないで　　　② 出なくて

5　「うちのエアコン、何かいでんげんを入れても（　　　）……。こわれたのかもしれません」

　　① つかないで　　② つかなくて

6　きのう、北海道で大雪が（　　　）。

　　① ふるそうだった　　　　② ふったそうだ　　　　③ ふったそうだった

7　きのうはだれも（　　　）。

　　① 休んだそうではない　　② 休まないそうだった　　③ 休まなかったそうだ

問題Ⅱ　れいのように書いてください。

れい）　私は駅前の本屋でこの本を買いました。

　　　　→　私がこの本を買ったのは　駅前の本屋です。

1　リーさんは大阪の大学で勉強しました。

　　→＿＿＿＿＿＿＿＿＿＿＿＿＿＿＿＿＿＿＿＿＿大阪の大学です。

2　田中さんは来週アメリカへしゅっちょうします。

　　→＿＿＿＿＿＿＿＿＿＿＿＿＿＿＿＿＿＿＿＿＿来週です。

3　私は日本料理で天ぷらがいちばんすきです。

→ ____天ぷらです。

4　田中さんは去年、私のとなりのへやに住んでいました。

→ ____田中さんです。

5　A社のコンピューターはこの中でいちばん高いです。

→ ____A社のコンピューターです。

問題Ⅲ　下の会話を読んで、質問に答えてください。

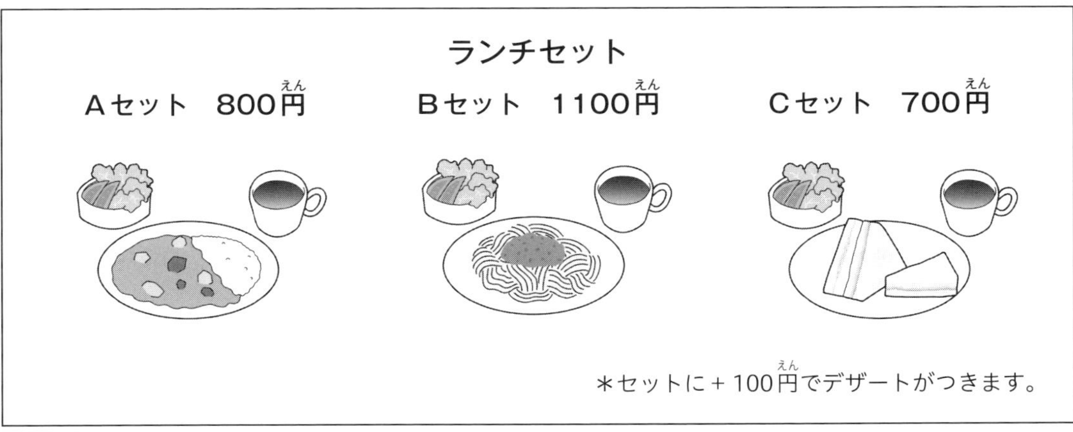

マリア「おなかすいたね。何にする?」

リョウ「パンがいいな。そんなにおなかすいてないから、デザートはいいな」

マリア「私はいっぱい食べたいけど、ごはんはちょっと……。デザートもつけよう」

問１　二人がえらんだのはどれですか。

マリアさん：___________セット　　　リョウさん：___________セット

問２　二人はいくらはらいますか。

マリアさん：___________円　　　リョウさん：___________円

問題 I　（　　　）のことばを正しいかたちにしてください。

1　A「英語が話せますか」

　　B「はい、でも少ししか（話せる→　　　　　　　　　）」

2　きのう、アルバイトが私しか（いる→　　　　　　　　　）から、いそがしかった。

3　A「夏休みは毎年3日ぐらいです」

　　B「ええっ？　それだけしか（とれる→　　　　　　　　　）んですか」

4　A「おたくの家の前に車が（とまる→　　　　　　　　　）ね。おたくのですか」

　　B「いいえ、だれかに（とめる→　　　　　　　　　）こまっているんです」

5　子どものころ、父に（しかる→　　　　　　　　　）ことがありません。

6　A「ねむそうですね」

　　B「ええ、朝5時までレポートを書いていたから、今日は2時間しか

　　　（ねる→　　　　　　　　　）いないんです」

7　「わあ、このスープおいしい。何が（入る→　　　　　　　　　）んですか」

問題 II　（　　　）に助詞を書いてください。いらないときは×を書いてください。

1　家族みんな（　　　）ごはんを食べる（　　　）は楽しい。

2　子どものとき、スマホを見ながら食事をするな（　　　）、よく母（　　　）言われた。

3　家（　　　）出るとき、エアコンをけす（　　　）をわすれてしまった。

4　コンビニはたいてい24時間（　　　）あいている。

5　今日は、13時から14時までのかいぎ（　　　）出なければならない。

6　るすばんしている（　　　）弟（　　　）ために、おみやげを買った。

7　グエン「小林さん、これ、ベトナムのおみやげです。どうぞ」

　　小　林「ありがとう。このおかし、おいしいんですよね」

　　山　田「あ、それ、私（　　　）すきです」

　　グエン「もちろん山田さん（　　　）（　　　）買ってきましたよ」

問題Ⅲ　上の文の内容とあっていたら○、ちがっていたら×を書いてください。

1　○○図書館の休館日は12月31日と1月1日だけです。そのほかは1年中開いています。

それに、8時から22時まで開いているのでとてもべんりです。

（　　　　　）この図書館の休みは1年に2日しかありません。

（　　　　　）12月31日と1月1日以外は、毎日夜9時でもりようできます。

2　私のしゅみは絵をかくことです。絵をかいていると、いやなことをわすれます。日曜日

にこうえんで絵をかいていると、知らない人がよく見に来ます。ちょっとはずかしいです。

（　　　　　）絵をかいているときは、いやなことは考えません。

（　　　　　）こうえんで絵をかいていると、知らない人によく見られます。

（　　　　　）こうえんで絵をかくことは、はずかしいです。

3　京都を旅行したとき、駅へ行く道がわからなくなったので、近くにいた女の人に聞いて

みた。その人は、駅までいっしょに行ってくれた。いろいろ話して、メールアドレスも

教えてもらった。

（　　　　　）私は女の人に道を教えてあげた。

（　　　　　）私は女の人に駅までつれていってもらった。

（　　　　　）女の人は私にメールアドレスを教えてくれた。

4　しみんセンターが新しくなって、トイレも使いやすくなりました。人がトイレに入ると、

電気がつきます。出ると、電気がきえます。

（　　　　　）トイレを出るとき、電気をけさなくてもいいです。

（　　　　　）電気がつくのは、だれかが電気をつけたときです。

（　　　　　）古いトイレは今のより使いにくかったです。

問題Ⅰ　（　　　）に入るものを下からえらんでください。

　先週、急におなかがいたくなりました。（　１　）食べたくありませんでした。どうして（　２　）、よくわかりませんでした。病院へ行って、お医者さんにみてもらいました。「しんぱい（　３　）ですよ。くすりをあげますから、すぐになおりますよ」と（　４　）安心しました。

1　① なにか　　② なにも　　③ なにを　　④ なんでも

2　① いたくなりました　　　　② いたくなりましたか

　　③ いたくなったのか　　　　④ いたくなったかどうか

3　① してもいい　　　　　　　② しないといい

　　③ した方がいい　　　　　　④ しなくてもいい

4　① 言って　　　　　　　　　② 言われて

問題Ⅱ　つぎの会話を読んで、内容とあっていたら〇、ちがっていたら×を書いてください。

佐藤：店長、どうしたんですか。

店長：うん、アルバイトの田中くんに急に休まれてこまっているんだ。午後0時からのよていだったんだけど。

佐藤：それはこまりましたね。あと1時間しかありませんよ。

店長：そうなんだよ。今から高橋くんとチョウくんに電話してみるけど。

佐藤：ぼく、ほんとうは0時までですけど、3時ぐらいまでだったらだいじょうぶですよ。

店長：そう？　そうしてもらえるとたすかるよ。そうしたらチョウくんが2時間早く来てくれるかもしれない。

佐藤：あのう、店長、ぼくのじきゅう*、少し上げてくれませんか。

店長：そうだなあ。いつもがんばってくれているから、考えておくよ。

＊　じきゅう：Hourly wage　时薪　Lương theo giờ

1　（　　　）店長がこまっているのは、田中くんが急に休んだからだ。

2　（　　　）佐藤くんはこの店でアルバイトをしている。

3　（　　　）チョウくんは今日、この店でアルバイトをするよていはなかった。

4　（　　　）佐藤くんは今日、いつもより長い時間はたらく。

5　（　　　）佐藤くんのじきゅうが上がるかどうか、まだわからない。

6　（　　　）店長は佐藤くんに、もっとがんばってはたらけと言っている。

問題Ⅲ　（　　　　）に入るものを下からえらんでください。

1　（　　　）、料理を作ってあげようと思います。

2　（　　　）、おみやげのじゅんびでいそがしいです。

3　（　　　）、日本へ来ました。

4　（　　　）、帰国して会社を作りたいと思います。

5　（　　　）、おつりが出てきます。

6　（　　　）、新しいスーツを買いました。

7　（　　　）、かさを持っていった方がいいよ。

8　（　　　）、たばこをやめた方がいいですよ。

9　（　　　）、いい大学に入れませんよ。

10　（　　　）、毎月ちょきんしています。

① けいざい学を勉強するために　　　② 病気でねている友だちのために

③ 病気になったときのために　　　　④ 病気になりたくなかったら

⑤ 日本で5年ぐらいはたらいたら　　⑥ 雨がふるかもしれないから

⑦ 来週めんせつがあるので　　　　　⑧ 来月一時帰国するので

⑨ このレバーをおすと　　　　　　　⑩ もっと勉強しないと

ウォーミングアップ

第27回～第42回

ウォーミングアップ

問題I　下のひょうをかんせいさせてください。

辞書形・ない形	〜たら	〜ば
する	したら	すれば
しない		
来る		
起きる		
ほめる		
会う		
書く		
いそぐ		
話す		
持つ		
死ぬ		
あそぶ		
読む		
ある		
楽しい		
楽しくない		
よい		
べんり		
べんりじゃない		
子ども		
子どもじゃない		

問題Ⅱ　（　　　　）のことばを正しいかたちにしてください。

1　あの子はまだ（12さい→　　　　　　　　）のに、ピアノがとても上手だ。

2　あの子は（まじめ→　　　　　　　）のに、せいせきがよくない。

3　早く家を（出る→　　　　　　　）のに、ちこくしてしまった。

4　今日は（さむい→　　　　　　　）のに、あの人はコートを着ていない。

5　へやの電気がきえている。山田さんは（るす→　　　　　　　）ようだ。

6　かばんがない。田中さんはもう（帰る→　　　　　　　）ようだ。

7　あの人はやさいをぜんぜん食べていない。（きらい→　　　　　　　）ようだ。

8　A「今、何をしているんですか」　　B「ごはんを（食べる→　　　　　　　）ところです」

9　A「映画はもう始まりましたか」

　　B「いいえ、今から（始まる→　　　　　　　）ところですよ」

10　A「映画はもう始まりましたか」　　B「ええ、今（始まる→　　　　　　　）ところですよ」

11　スミスさんは日本へ（来る→　　　　　　　）ばかりだ。

12　人間の赤ちゃんは1さいくらいで（歩ける→　　　　　　　）ようになる。

13　かぜを（ひく→　　　　　　　）ように、気をつけてください。

14　私はビジネスの勉強を（する→　　　　　　　）ために、日本へ来た。

15　めがねを（かける→　　　　　　　）ままねてしまった。

問題Ⅲ　（　　　　）に助詞を書いてください。

1　銀行（　　　　）はたらく。　　　　2　銀行（　　　　）つとめる。

3　へや（　　　　）かたづける。　　　4　Aチーム（　　　　）おうえんする。

5　しあい（　　　　）かつ。　　　　　6　子ども（　　　　）ほめる。

7　じこ（　　　　）起こす。　　　　　8　友だち（　　　　）旅行のやくそくをする。

9　パン（　　　　）やけた。　　　　　10　服（　　　　）よごす。

11　漢字（　　　　）まちがえる。　　　12　前（　　　　）すすむ。

13　試験（　　　　）うける。　　　　　14　学校（　　　　）通う。

問題Ⅳ　「使役形」にしてください。

れい）する→させる

1　来る　　→　　　　　　　　　　　2　食べる　→

3　開ける　→　　　　　　　　　　　4　言う　　→

5　行く　　→　　　　　　　　　　　6　いそぐ　→

7　話す　　→　　　　　　　　　　　8　持つ　　→

9　死ぬ　　→　　　　　　　　　　　10　あそぶ　→

11　読む　　→　　　　　　　　　　　12　作る　　→

問題Ⅴ　「そうだ」の前のことばを正しいかたちにしてください。Aは伝聞（聞いた／読んだ）、Bは様態（見てそう思う、そうなるだろうと思う）です。

A　1　今日は雨が（ふる→　　　　　　　　　　　）そうだ。

　　2　あしたは雨は（ふらない→　　　　　　　　　）そうだ。

　　3　あのレストランの料理は（おいしい→　　　　　　）そうだ。

　　4　あの映画は（おもしろくない→　　　　　　　）そうだ。

　　5　田中さんのおじいさんは（元気→　　　　　　）そうだ。

　　6　リンさんは（ひまじゃない→　　　　　　　）そうだ。

　　7　あの人は（学生→　　　　　　　）そうだ。

B　1　今日は雨が（ふる→　　　　　　　　　　　）そうだ。

　　2　あのレストランの料理は（おいしい→　　　　　　）そうだ。

　　3　あの映画は（おもしろくない→　　　　　　　）そうだ。

　　4　田中さんのおじいさんは（元気→　　　　　　）そうだ。

　　5　リンさんは（ひまじゃない→　　　　　　　）そうだ。

問題VI 「尊敬動詞」のひょうをかんせいさせてください。

	辞書形	ます形	て形
行く・来る・いる	いらっしゃる		
食べる・飲む			
言う			
する			
見る			
くれる			
知っている			

問題VII 「謙譲動詞」のひょうをかんせいさせてください。

	辞書形	ます形	て形
行く・来る	まいる		
いる			
食べる・飲む			
もらう			
する			
言う			
(人に) 聞く			
(あいての家へ) 行く			
(人に) 会う			
(あいてのものを) 見る			
知っている			
知らない			

問題Ⅰ　どちらが正しいですか。

1　A「山田さんを知っていますか」

　　B「はい、（知っています・知っているんです）」

2　A「あのう、図書館へ（行きたいです・行きたいんです）けど……」

　　B「図書館だったら、バスがべんりですよ」

3　田中「おはようございます」

　　佐藤「田中さん、だいじょうぶですか。家でねていなくても（いいです・いいのです）か」

　　田中「ありがとうございます。ねつは下がりましたから」

4　A「いってきます」

　　B「いってらっしゃい。どこへ（行きます・行くんです）か」

　　A「学校です」

　　B「ええっ、学校へ（行きますか・行くんですか）。今日は日曜日ですよ」

　　A「ええ、図書室で勉強（するんです・するんですから）」

5　店長「山田、何を（しているか・しているんだ）。仕事中だぞ」

　　山田「すみません」

問題Ⅱ　（　　　）に助詞を書いてください。

1　このくつはジョギング（　　　）いい。

2　このレポートを書く（　　　）（　　　）3日かかった。

3　私は絵をかく（　　　）（　　　）得意だ。

4　友だちは私（　　　）ために、くすりを買ってきてくれた。

5　「これは、私たちがみんな（　　　）作った料理です。どうぞ」

6　ペット（　　　）名前（　　　）つけた。

7　友だち（　　　）映画（　　　）さそった。

8　なかなか会えないので、国の家族（　　　）こと（　　　）しんぱいだ。

問題Ⅲ　どちらがいいですか。

1　（　　　　　　　　）、日本語の新聞が読めます。

　　　① じしょを使えば　　　　② じしょを使わなければ

2　（　　　　　　　　）、かいぎは始められません。

　　　① ぶちょうが来れば　　　② ぶちょうが来なければ

3　（　　　　　　　　）、けいざいの勉強はできません。

　　　① すうがくができれば　　② すうがくができなければ

4　（　　　　　　　　）、あしたは家で休んでください。

　　　① ねつが下がっても　　　② ねつが下がらなくても

5　その病院は、（　　　　　　　　）、長い時間待たなければなりませんよ。

　　　① よやくをしなければ　　② よやくをしなくても

問題Ⅳ　「ば／なら」か「ても（でも）」を使って書いてください。

1　A「おさけを飲むと、ねむくなりますか」

　　B「いいえ、私はおさけを＿＿＿＿＿＿＿＿＿＿＿＿、ねむくなりません」

2　A「日本人だったら、だれでもこのことばを知っていますか」

　　B「いいえ、＿＿＿＿＿＿＿＿＿＿＿＿知らない人がいるでしょう」

3　A「書かなくても漢字をおぼえられますか」

　　B「いいえ、私は＿＿＿＿＿＿＿＿＿＿おぼえられません」

4　A「りゅうがくせいなら、へやだいが安くなりますか」

　　B「いいえ、＿＿＿＿＿＿＿＿＿＿＿、へやだいは安くなりません」

5　A「べんりなら、ねだんが高くても買いますか」

　　B「はい、＿＿＿＿＿＿＿＿＿＿、ねだんが＿＿＿＿＿＿＿＿＿買います」

　　C「いいえ、＿＿＿＿＿＿＿＿＿＿、ねだんが＿＿＿＿＿＿＿＿＿買いません」

問題 I　どちらがいいですか。

1　A「いつもお世話になっております」　　B「（　　　　　）」

　　　① こちらこそ　　　　　　　② はい、そうですね

2　A「かぜをひいたようです。あたまがいたくて……」　　B「（　　　　　）。お大事に」

　　　① そうでしょうか　　　　　② それはいけませんね

3　A「もしもし、チンさん、さっきの地しん、だいじょうぶでしたか」

　　B「はい、先生、だいじょうぶです。（　　　　　）」

　　　① ありがとうございます　　② どうぞおかまいなく

4　「（　　　　　）。コーヒーでございます」

　　　① お待ちください　　　　　② お待たせしました

5　「じゃ、また。来週の旅行、（　　　　　）」

　　　① 楽しいですね　　　　　　② 楽しみにしています

6　「山田さん、長い間お世話になりました。（　　　　　）」

　　　① どうぞ、お元気で　　　② どうぞ、お気をつけて

問題 II　（　　　）に助詞を書いてください。

1　やくそくの時間（　　　　）おくれそうだ。電話しておこう。

2　アインさんが会社（　　　　）やめたそうだ。

3　はたらきすぎて、体（　　　　）こわしてしまった。

4　さいきん、仕事のこと（　　　　）なやんでいる。

5　夏休みにどこへ行く（　　　　）、友だち（　　　　）話しあった。

6　新入生のパーティー（　　　　）、佐藤さん（　　　　）知りあった。

7　「アルバイトのお金は何（　　　　）使うんですか」

8　「これ（　　　　）いいかどうか、読んでみて」

9　「このセーター、あなた（　　　　）にあうと思うよ」

10　「漢字（　　　　）わからなければ、ひらがな（　　　　）書いてもいいですよ」

問題Ⅲ　どちらがいいですか。

1　（　　　　　　）、へんじが来ない。

　　① メールを送ったのに　　　　② メールを送ったので

2　（　　　　　　）、家にわすれてきてしまった。

　　① しゅくだいをしても　　　　② しゅくだいをしたのに

3　（　　　　　　）、閉めておいた。

　　① まどが開いていたので　　　② まどが開いていたのに

4　すみません、（　　　　　　）、あした休んでもいいですか。

　　① 体のちょうしが悪いので　　② 体のちょうしが悪くても

5　あしたは（　　　　　　）、かならず来てください。

　　① いそがしいのに　　　　　　② いそがしくても

6　あの人は（　　　　　　）、毎日走っています。

　　① わかいのに　　　　　　　　② もう70さいなのに

問題Ⅳ　「たら」「と」「ば／なら」「ても（でも）」の中から、一つえらんで書いてください。

1　つゆに入る（　　　　　　）、毎日雨がふります。

2　雨がふっ（　　　　　　）タクシーで行きませんか。

3　強い風がふけ（　　　　　　）、この木はたおれるかもしれません。

4　雨（　　　　　　）運動会は中止です。

5　あしたひまだっ（　　　　　　）、あそびに来てください。

6　ぶちょうが来ない（　　　　　　）、かいぎが始められません。

7　名前をよばれ（　　　　　　）、へんじをしてください。

8　たいへん（　　　　　　）、さいごまでがんばるつもりです。

9　へやがきれいだ（　　　　　　）、気持ちがいいです。

10　知ってい（　　　　　　）、大使館の電話ばんごうを教えてもらえませんか。

問題I　どちらがいいですか。

1　「先生、（　　　　　）。レポートのしめきりの日をまちがえました。今、出してもいいですか」

　　　① おそくなってすみません　　② ちこくしてすみません

2　ラン「リンさん、冬休みは国へ帰るんでしょう?」　リン「ええ、（　　　　）」

　　　① そういうつもりです　　　② そのつもりです

3　ゴック「チョウさん、あしたもアルバイトだよね」

　　チョウ「え? そんなこと（　　　　）。休みだよ」

　　　① 言ってないよ　　　　　② 言ってはいけないよ

4　かちょう「田中くん、レポート、まだ出してないよね。いつ出せるの?」

　　田中　　「すみません、（　　　　）」

　　　① いつじゃありません　　② 月曜日でもいいですか

5　山田「きのう祖父が入院しまして」　小林「そうなんですか。（　　　　）」

　　　① 早くよくなってください　　② 早くよくなるといいですね

問題II　どちらが正しいですか。

1　あした、天気が（ よいと・よかったら ）、出かけませんか。

2　私はねつが（ 出ると・出れば ）いつもあたまがいたくなる。

3　A「チンさん、おそいですね」

　　B「8時までに（ 来ないと・来なければ ）、出発しましょう」

4　A「気分が（ 悪ければ・悪いと ）、早く帰ったほうがいいですよ」

　　B「ありがとうございます。そうします」

5　あした山にのぼるつもりだったが、かぜをひいたので、行かないことに（ した・なった ）。

6　大雨で、サッカーのしあいは中止に（ した・なった ）。

7　私は英語が下手なのにアメリカへしゅっちょうすることに（ した・なった ）。

8　いろいろ考えて、A大学とB大学をうけることに（ した・なった ）。

問題Ⅲ　絵を見て、「〜そうです」を使って文を書いてください。

1　　　　　2　　　　　3

4　　　　　5

1　さいふが＿＿＿＿＿＿＿＿＿＿よ。気をつけた方がいいですよ。

2　雨が＿＿＿＿＿＿＿＿＿＿から、せんたくものを入れましょう。

3　ふくろのひもが＿＿＿＿＿＿＿＿＿＿よ。よかったら、これを使ってください。

4　ふくろが＿＿＿＿＿＿＿＿＿＿よ。新しいのをあげましょうか。

5　火が＿＿＿＿＿＿＿＿＿＿ので、まどをしめました。

問題Ⅳ　つぎの1〜6の文はAの意味ですか、Bの意味ですか。

A：今日もあつかったです。あしたもあつくなりそうですね。

B：ニュースによると、あしたもあつくなるそうです。

1　おいしそうですね。だれが作ったんですか。　　　　　　　　（　　　）

2　きのうのじこでけがをした人はいないそうです。　　　　　（　　　）

3　この本、漢字が多くてむずかしそうですね。　　　　　　　（　　　）

4　ヤンさんは、そつぎょうしたら国へ帰るそうですよ。　　　（　　　）

5　今年の花火大会は、中止のところが多いそうです。　　　　（　　　）

6　これから仕事がなくてこまる人がふえそうです。　　　　　（　　　）

問題I　どちらが正しいですか。

1　じしょを使わないで（日本語を読む・日本語が読める）ようになりたい。

2　（わすれる・わすれない）ようにてちょうに書いておいた。

3　はっきり（聞く・聞こえる）ように大きいこえで話した。

4　母は家族の（ために・ように）いっしょうけんめいはたらいている。

5　姉のけっこんしきにしゅっせきする（ために・ように）、来月一時帰国します。

6　私は目が悪いので、よく見える（ために・ように）、前の方にすわる。

7　母がしんぱいしない（ために・ように）、毎週電話している。

8　しょうらいの（ために・ように）、毎月3万円ちょきんしている。

9　何度もれんしゅうして、やっとできる（ことに・ように）なった。

10　みんなで話しあって、私が買い物に行く（ことに・ように）なった。

問題II　（　　　）に助詞を書いてください。

1　この仕事は、英語（　　　）得意な人（　　　）たのもう（　　　）思う。

2　「この仕事、1時間（　　　）できますか」

3　このじしょは勉強（　　　）やく（　　　）立つ。

4　ねる前にパジャマ（　　　）着がえた。

5　富士山はとてもうつくしい山（　　　）、世界中の人（　　　）知られている。

6　料理をしているとき、ゆび（　　　）けが（　　　）してしまった。

7　「台風が近づいています。強い風（　　　）注意してください」

8　A「今年の冬はぜひスキーをしてみよう（　　　）思っているんです」

　　B「そうですか。スキーなら、北海道（　　　）いいですよ」

9　A「タンさん、どう思いますか」

　　B「私はリーさんの意見（　　　）さんせいです」

10　先生（　　　）せいせきが下がったこと（　　　）注意された。

問題Ⅲ　（　　　）に入るものを下からえらんでください。

1　電車がおくれています。（　　　　　　）ね。

2　チンさんは、何度かけても電話に出ません。（　　　　　　）。

3　人のこえがしますね。だれか（　　　　　　）よ。

4　グエンさんはおいしそうに食べていますね。すしが（　　　　　　）ね。

5　チョウさん、かお色が悪いですよ。（　　　　　　）ね。

①　すきなようです　　　　②　来たようです　　　　③　じこのようです

④　つかれているようです　　⑤　ねているようです

問題Ⅳ　「ば／なら」か「ても（でも）」を使って、一つの文にしてください。

れい）　ひつようなもの ＋ 高い ＋ 買います

　　　　→　ひつようなものなら、高くても　買います。

1　やちんが高い ＋ 駅から近い ＋ そのへやを借ります

　　→やちんが＿＿＿＿＿＿＿＿＿＿＿＿＿＿＿＿＿＿＿＿＿＿＿そのへやを借ります。

2　おもしろい映画 ＋ いそがしい ＋ 見ます

　　→＿＿＿＿＿＿＿＿＿＿＿＿＿＿＿＿＿＿＿＿＿＿＿＿＿＿見ます。

3　じしょを見ない ＋ かんたんな本 ＋ 読めます

　　→じしょを＿＿＿＿＿＿＿＿＿＿＿＿＿＿＿＿＿＿＿＿＿＿＿読めます。

4　あなたといる ＋ お金がない ＋ しあわせです

　　→あなたと＿＿＿＿＿＿＿＿＿＿＿＿＿＿＿＿＿＿＿＿＿＿＿しあわせです。

5　安い ＋ ひつようじゃない ＋ 買いません

　　→＿＿＿＿＿＿＿＿＿＿＿＿＿＿＿＿＿＿＿＿＿＿＿＿＿＿買いません。

問題Ｉ　どちらが正しいですか。

1　「川がながれていますよ。（ きれいな・きれいそうな ）水ですね」

2　Ａ「そのかばんを運ぶんですか。（ 大きくて・大きそうで ）

　　　（ おもい・おもそう ）ですね。てつだいましょうか」

　　Ｂ「ありがとう。でも（ かるい・かるそうだ ）から、だいじょうぶです」

3　Ａ「この絵、あなたがかいたんですか」

　　Ｂ「ええ」

　　Ａ「（ お上手・お上手そう ）ですね」

4　Ａ「見て見て、うちのねこの写真。先週生まれたばかりなのよ」

　　Ｂ「わあ、（ かわいい・かわいそう ）！」

5　夜になってもへやの電気がつかない。チンさんは（ るすそうだ・るすのようだ ）。

6　Ａ「その仕事、6時までに（ 終わりそう・終わるよう ）ですか」

　　Ｂ「はい、だいじょうぶです」

7　Ａ「パトカーやきゅうきゅう車が来ていますね」

　　Ｂ「ええ、何か（ あったようです・あったそうです ）ね」

8　Ａ「田中さんをさがしているんですが……」

　　Ｂ「2時までかいぎですから、かいぎ室に（ います・いそうです ）よ」

9　このトイレは、人が入ると電気がつくように（ している・なっている ）。

10　けんこうのため、できるだけ歩くように（ している・なっている ）。

問題Ⅱ　（　　　　）のことばを正しいかたちにしてください。

1　Ａ「Ｂさん、今ちょっとお話しできますか」

　　Ｂ「すみません、今から（出かける→　　　　　　　　　　）ところなんです」

2　Ａ「料理、できましたか」

　　Ｂ「今、（作る→　　　　　　　　　　）ところです。もうすぐできます」

3　A「すみません。10時5分の電車は……」

　　B「たった今（出る→　　　　　　　　　　）ところです。つぎの電車は10時半です」

4　A「レポート、もう書きましたか」

　　B「いいえ、これから（書く→　　　　　　　　）ところです」

5　A「もしもし、Bさん。今、だいじょうぶ?」

　　B「ちょうどよかった。さっきバイトが（終わる→　　　　　　　　）ところ」

6　A「いっしょに帰りませんか」

　　B「すみません。ちょっと待っててもらえますか。今、コピーを（する→　　　　　　　）

　　　ところなんです。もうすぐ終わりますから」

問題Ⅲ　（　　　　）に入るものを下からえらんでください。

1　先週のテスト、30てんしかとれなかった。（　　　　　　）。

2　A「きのう、10時間くらいはたらきました。とてもつかれました」

　　B「（　　　　　　）」

3　A「あの人、ちょっとつめたそうですね」

　　B「（　　　　　　）。親切な人ですよ」

4　A「かお色が悪いですね。うちへ帰った方がいいですよ」

　　B「（　　　　　　）」

5　A「すみません。これ、どうやって使うんですか」

　　B「ああ、（　　　　　　）」

6　A「これ、あらいましょうか」

　　B「あ、（　　　　　　）」

①　それは、こうしてください　　　　②　あんなに勉強したのに

③　そのままにしておいてください　　④　そんなことないですよ

⑤　そんなにいそがしかったんですか　⑥　ありがとう。そうします

問題Ⅰ　（　　　）のことばを正しいかたちにしてください。

1　「先週この会社に（入る→　　　　　　　）ばかりです。どうぞよろしくおねがいします」

2　「わあ、（おいしい→　　　　　　　）そう！　私、これにする」

3　「あれ、ジュースが出てこない。お金を（入れる→　　　　　　　）のに……」

4　ドアにかぎがかかっている。中にはだれも（いる→　　　　　　　）ようだ。

5　きのうはつかれていて、電気を（つける→　　　　　　　）ままねてしまった。

6　ニュースによると、来月も（あつい→　　　　　　　）そうだ。

7　もう（9時→　　　　　　　）のに、まだ仕事が終わらない。

8　「（まちがえる→　　　　　　　）ように気をつけてください」

9　A「にぎやかですね」

　　B「ええ、子どもたちが（あそぶ→　　　　　　　）ようですね」

10　A「夏休みにどこへ行くか、もうきめましたか」

　　B「まだです。今（考える→　　　　　　　）ところです」

11　A「あしたのパーティー、行きますよね？」

　　B「すみません、あしたは（行く→　　　　　　　）んです。行きたいんですけど……」

12　この漢字はむずかしいから6さいの子どもには（読む→　　　　　　　）でしょう。

問題Ⅱ　どれが正しいですか。

1　さっき聞いたばかり（のに・だのに・なのに）もうわすれてしまいました。

2　うちの子は1さいになったばかり（ので・だので・なので）まだ話せません。

3　「この映画にしよう。おもしろそう（から・だから・なから）」

4　「バーゲンをやっているよう（から・だから・なから）行ってみよう」

5　「すぐに行きます（から・だから・なので）待っていてください」

6　「すみません、知らなかった（ので・だから・なので）まちがえてしまいました」

□1回目　　月　　日　／　□2回目　　月　　日

問題Ⅲ　（　　　）には助詞を、＿＿＿＿＿のことばは「使役形」にして書いてください。

1　先生は学生（　　　）日本語でスピーチ（　　　）する →　＿＿＿＿＿ました。

2　子ども（　　　）いい学校に 行く →　＿＿＿＿＿たいので、毎日3時間以上勉強

する →　＿＿＿＿＿います。ゲームは やめる →　＿＿＿＿＿ました。

3　母親は子ども（　　　）おさら（　　　）かたづける →　＿＿＿＿＿ました。

4　兄は妹（　　　）なく →　＿＿＿＿＿、母にしかられました。

5　親（　　　）こまる →　＿＿＿＿＿ようなことをしてはいけません。

6　こうえんでお母さんが子ども（　　　）あそぶ →　＿＿＿＿＿います。

7　子ども（　　　）あまいもの（　　　）たくさん食べる →　＿＿＿＿＿のは

よくありません。

8　早くしゅうしょくして親（　　　）安心する →　＿＿＿＿＿たい。

9　妹が使ってみたいと言ったので私のパソコン（　　　）使う →　＿＿＿＿＿あげま

した。

10　子どものとき、親は私（　　　）ピアノ（　　　）習う →　＿＿＿＿＿くれなかった。

11　用事があるので、今日は早く 帰る →　＿＿＿＿＿もらった。

12　「すみません、あたまがいたいので、休む →　＿＿＿＿＿いただけませんか」

問題Ⅳ　どちらが正しいですか。

1　めんせつで、先生は私に新聞を（ 読ませた・読んでもらった ）。

2　漢字がわからなかったので、田中さんに（ 読ませた・読んでもらった ）。

3　会社に入ったとき、山田さんに親切に（ させた・してもらった ）。

4　おそくなったので、先ぱいに車で家まで（ 送らせた・送ってもらった ）。

5　子どもが小学生になったら、何か（ 習わせよう・習ってもらおう ）と思っている。

6　パーティーのとき、ギターが上手なシムさんにたのんで、（ ひかせた・ひいてもらった ）。

問題 I 　（　　　　）のことばを正しいかたちにしてください。

1　グエンさんはさいきん（つかれる→　　　　　　　　　）ようだ。

　（いそがしい→　　　　　　　　　）すぎるのかもしれない。

2　「（こまる→　　　　　　　　　）ことがあったら、何でもそうだんしてください」

3　おこめが（なくなる→　　　　　　　　　）そうだから、買ってこよう。

4　A「あそこにおまわりさんがたくさんいますね」

　B「ええ。じこが（ある→　　　　　　　　　）ようですね」

5　A「（ねむい→　　　　　　　　　）そうですね。どうしたんですか」

　B「きのう、あまり（ねられる→　　　　　　　　　）んです」

6　A「あの二人、（しあわせ→　　　　　　　　　）そうですね」

　B「ええ、この間けっこん（する→　　　　　　　　　）ばかりですから」

7　A「すてきなかばんですね。大きくて、たくさん（入る→　　　　　　　　　）そうですね」

　B「ええ、今度の旅行のときに（使う→　　　　　　　　　）と思って買ったんです」

8　A「そのセーター、（あたたかい→　　　　　　　　　）そうですね」

　B「ええ、あたたかいですよ。カナダで買ったんです」

9　「ああよかった。（いそぐ→　　　　　　　　　）ば9時のしんかんせんに

　（間にあう→　　　　　　　　　）そうだ」

問題 II 　どれが正しいですか。

1　先生は学生にしらべたことをはっぴょう（させ・され）ました。

2　そばで大きいこえで（話す・話される）と、とてもこまります。

3　へやをそうじしたばかりなのに、ねこに（よごした・よごさせた・よごされた）。

4　きのう駅前でおまわりさんに、ここに自転車を止めるなと（注意した・注意させた・注意された）。

5　母は父に自分のかばんを（使って・使わせて・使われて）おこっている。

6　「おそくなってすみません。30分も（待って・待たせて・待たれて）しまいましたね」

問題Ⅲ　（　　　　）に入るものを下からえらんでください。

1　A「（　　　　　　）」　　B「すみません、今バスの中なんです」

2　A「（　　　　　　）」　　B「どうぞお大事に」

3　A「（　　　　　　）」　　B「おつかれさまでした」

4　A「（　　　　　　）」　　B「わかりました。気をつけて来てください」

5　A「（　　　　　　）」　　B「ありがとうございます。いただきます」

6　A「（　　　　　　）」　　B「ありがとうございます。お世話になりました」

① 電車が止まっていて、かいぎにおくれるかもしれません

② もしもし、今、いいですか

③ 新しい会社でもがんばってくださいね

④ お先にしつれいします

⑤ ねつがあるので、今日は帰らせていただきます

⑥ これ、旅行のおみやげです。どうぞ

問題Ⅳ　絵を見て、正しいものをえらんでください。

1

① 食べさせてあげる。

② 食べてもらえる？

③ 食べられてくれる？

2

① 見せてくれない？

② 見てくれない？

③ 見せてもいい？

問題Ⅰ　どれが正しいですか。

1　A「かわいい犬ですね。写真を（ とって・とらせて ）もらってもいいですか」

　　B「ええ、どうぞ」

2　「先生、この作文を（ 見て・見せて ）いただけませんか」

3　「チンさん、あした自転車を（ 貸して・借りて ）もらえない?」

4　子どものころ、親は私にすきなことを何でも（ して・させて ）くれた。

5　兄は私に料理やそうじを（ する・させる・される ）から、いっしょに住みたくない。

6　「すみません、このにもつ、ここに（ おかせても・おかせてもらっても・おいてくれても ）

　　いいですか」

7　（インタビューをします）

　　「すみません、お話を（ 聞いて・聞かれて・聞かせて ）ください」

8　子どものとき、祖母に（ 教えた・教えられた・教えさせた ）ことがたくさんあります。

　　それが今、やくに立っています。

9　両親は私を行きたい大学に（ 行って・行かせて・行かれて ）くれた。

問題Ⅱ　質問に答えてください。

1　小林さんは山田さんのにもつを持ってあげました。

　　　→にもつを持った人は?　　　　　　　　　　　　　　（ 小林さん・山田さん ）

2　山田さんがてつだってくれました。

　　　→てつだってもらった人は?　　　　　　　　　　　　（ 山田さん・私 ）

3　木村さんにノートをコピーさせてもらいました。

　　　→コピーをしたのは?　　　　　　　　　　　　　　　（ 木村さん・私 ）

4　弟は私にかばんを持たせました。

　　　→かばんを持った人は?　　　　　　　　　　　　　　（ 弟・私 ）

5　上田さんはきれいな歌を聞かせてくれました。

　　　→歌を歌った人は?　　　　　　　　　　　　　　　　（ 上田さん・私 ）

6　ひっこしのとき、友だちにてつだいに来てもらいました。

　　→ひっこしをした人は？　　　　　　　　　　　　　　　　　　（ 友だち・私 ）

7　私は姉にケーキを食べてもらいました。

　　→ケーキを食べた人は？　　　　　　　　　　　　　　　　　　（ 姉・私 ）

8　高橋「この本、貸してもらえる？」

　　田中「うん、いいよ」

　　→本を借りる人は？　　　　　　　　　　　　　　（ 高橋さん・田中さん ）

　　→本を貸してもらう人は？　　　　　　　　　　　（ 高橋さん・田中さん ）

問題Ⅲ　（　　　　）入るものを下からえらんでください。

1　めんきょをとったばかりなので、（　　　　　　）。

2　田中さんはひまそうなのに、（　　　　　　）。

3　「すみません、お金を入れたのに、（　　　　　　）」

4　「さっき食べたばかりなのに、（　　　　　）」

5　この料理を作るのに（　　　　　　）。

6　「今出かけるところなので、（　　　　　）」

7　今帰ってきたところなのに、（　　　　　）。

8　まどを開けたままねて、（　　　　　）。

①　2時間くらいかかりそうです　　　　②　もうおなかがすいたんですか

③　まだ運転が下手です　　　　　　　　④　かぜをひいてしまいました

⑤　ぜんぜんてつだってくれません　　　⑥　ジュースが出ないんですが

⑦　また出かけなければなりません　　　⑧　またあとで来てください

問題 I　どれが正しいですか。

1　あした母が日本へ来るので、アルバイトを（ 休んで・休ませて・休まれて ）もらった。

2　きのうは木村さんに駅まで（ 送って・送らせて・送られて ）もらったので、早く帰ることができた。

3　「すみません、コピーをしたいので、そのコピーきを（ 使って・使わせて・使われて ）くださいませんか」

4　子どもには、自分が（ したい・させたい・されたい ）ことを（ して・させて・されて ）やりたいと思う。

5　電車の中でぐあいが悪くなったので、前にすわっていた人にたのんで、（ すわって・すわらせて・すわられて ）もらった。

6　キムさんは学校を休んだタイさんに、つぎの日にテストがあることを知らせて（ あげました・もらいました・くれました ）。

7　スミスさんは病気でねている私のために、買い物に行って（ あげました・もらいました・くれました ）。

8　日本に来たばかりのころ、先生は私たちをいろいろなところへつれていって（ さしあげました・くださいました・いただきました ）。

問題 II　（　　　）のことばを「尊敬語」か「謙譲語」にしてください。

1　かちょうはどちらに（います→　　　　　　　　　）か。

2　どうぞ（食べて→　　　　　　　　　）ください。

3　先生は「しゅくだいを出してください」と（言いました→　　　　　　　　　）。

4　きのうのニュースを（見ました→　　　　　　　　　）か。

5　あしたのパーティーに（さんかする→　　　　　　　　　）か。

6　林さんを（知っている→　　　　　　　　　）か。

7　先生から日本語の本を（もらいました→　　　　　　　　　）。

8　先生がおかきになった絵を（見ました→　　　　　　　　　）。

9　私はクアンと（言います→　　　　　　　　　　）。去年の9月に日本へ

　　（来ました→　　　　　　　　　　）。ABC社でエンジニアをして

　　（います→　　　　　　　　　　）。

10　すみません、ちょっと（聞きます→　　　　　　　　　　）が……。

問題Ⅲ　下線のことばを「お〜になる」か「お（ご）〜する」のかたちにしてください。

1　A「先生、あした何時のしんかんせんにのりますか」　＿＿＿＿＿＿＿＿＿＿＿

　　B「8時です」

　　A「では、駅まで車で送ります」　＿＿＿＿＿＿＿＿＿＿＿

2　A「すみません、このきかいの使い方を教えてもらえますか」

　　B「はい、せつめいします」　＿＿＿＿＿＿＿＿＿＿＿

3　ホテルの人「あした、何時に着きますか」　＿＿＿＿＿＿＿＿＿＿＿

　　客　　　　　「6時ごろです」

　　ホテルの人「わかりました。では、6時に待っております」　＿＿＿＿＿＿＿＿＿＿＿

4　「田中さん、ぶちょうは何時ごろ帰りますか。話したいことがあるんですが」

　　＿＿＿＿＿＿＿＿＿＿＿　　＿＿＿＿＿＿＿＿＿＿＿

5　「すみません、この本、借りてもいいですか」　＿＿＿＿＿＿＿＿＿＿＿

6　「お茶を入れました。どうぞ」　＿＿＿＿＿＿＿＿＿＿＿

7　「すみません、私をよびましたか」　＿＿＿＿＿＿＿＿＿＿＿

8　「みなさま、ホワイト先生をしょうかいします」　＿＿＿＿＿＿＿＿＿＿＿

9　「あちらのへやで待ってください」　＿＿＿＿＿＿＿＿＿＿＿

10　A「田中先生、お元気かな」

　　B「そうだね。会いたいね」　＿＿＿＿＿＿＿＿＿＿＿

問題 I　どちらがいいですか。

1　子どもが生まれたので、たばこはすわないことに（した・なった）。

2　来月仕事でイギリスへ行くことに（した・なった）。

3　しょうがく金がもらえることに（して・なって）うれしい。

4　このボタンをおすと、おつりが出るように（して・なって）いる。

5　「すみません、これからはちこくしないように（します・なります）」

6　「銀行のカードはなくさないように（して・なって）ください」

7　この自動ドアは、ここをさわると開くように（している・なっている）。

8　早く日本語が上手になる（ために・ように）、毎晩１時間以上勉強するように
（している・なっている）。

問題 II　（　　　）に助詞を書いてください。

1　電車の中で、だれか（　　　）足（　　　）ふまれた。

2　コーチはせんしゅ（　　　）毎日走らせた。

3　母親は子ども（　　　）トイレ（　　　）そうじ（　　　）させた。

4　このビルは来月こわされます。来年、新しいビル（　　　）できます。

5　「すみません、その仕事、私（　　　）させていただけませんか」

6　「こちら（　　　）おかけください」

7　A「あ、それ、私（　　　）いたします」

　　B「そうですか。では、よろしくおねがいします」

8　「はじめまして。リンです。銀行（　　　）つとめております」

9　大学（　　　）そつぎょうしたら、ぼうえき会社（　　　）はたらきたい。

10　妹は大学院（　　　）工学（　　　）せんこうしている。

11　むすめ（　　）りゅうがくさせる（　　）どう（　　）、つま（　　）話しあった。

UNIT 3

問題Ⅲ　　＿＿＿＿に「尊敬語」か「謙譲語」を書いて、会話をかんせいさせて ください。

鈴　木：しつれいですが、お名前は？

ホアン：ホアンと＿＿＿＿＿＿＿＿＿＿。よろしくおねがい＿＿＿＿＿＿＿＿＿＿。

鈴　木：鈴木です。こちらこそよろしくおねがいします。ホアンさんは学生ですか。

ホアン：はい。〇〇大学で勉強して＿＿＿＿＿＿＿＿＿＿。

　　　　鈴木さんはお仕事をして＿＿＿＿＿＿＿＿＿＿んですか。

鈴　木：ええ。会社員です。

ホアン：そうですか。あ、何か＿＿＿＿＿＿＿＿＿＿か。

鈴　木：ありがとうございます。じゃ、ジュースをおねがいします。

問題Ⅳ　質問に答えてください。

1　A「お待たせしました。どうぞお入りください」

　　B「しつれいします」

　　　　→待っていた人は？　　　　　　　　　　　　　　　　　　（A・B）

　　　　→へやに入る人は？　　　　　　　　　　　　　　　　　　（A・B）

2　A「すみません、写真をとっていただけませんか」

　　B「ええ、いいですよ」

　　　　→写真をとる人は？　　　　　　　　　　　　　　　　　　（A・B）

　　　　→だれの写真？　　　　　　　　　　　　　　　　　　　　（A・B）

3　A「すみません、写真をとらせていただけませんか」

　　B「ええ、いいですよ」

　　　　→写真をとる人は？　　　　　　　　　　　　　　　　　　（A・B）

　　　　→だれの写真？　　　　　　　　　　　　　　　　　　　　（A・B）

4　先生にお子さんの写真を見せていただきました。

　　　　→写真を見た人は？　　　　　　　　　　　　　　　　　（先生・私）

問題Ⅰ　下の □ からいいものをえらんで書いてください。何かいも使うことばもあります。

> かな　　けど　　しか　　だけ　　でも　　なら

1　「ちょっと休んでお茶（　　　　　）飲みませんか」

2　「これからサッカーをするんだ（　　　　　）、いっしょにやらない?」

3　「これはあなたに（　　　　　）たのめません。おねがいします」

4　日本料理はすきだが、なっとう（　　　　　）は食べられない。

5　キムさんはスポーツ（　　　　　）何（　　　　　）すきだそうだ。

6　A「何曜日がいいですか」

　　B「火曜日（　　　　　）行けますが、ほかの日はちょっと……」

　　C「私は何曜日（　　　　　）だいじょうぶです」

7　カン「この仕事、私一人でできる（　　　　　）。あまりじしんないな」

　　山田「だいじょうぶ、カンさん（　　　　　）ぜったいできるよ」

問題Ⅱ　（　　　　　）のことばを「使役形」か「受け身形」にしてください。

1　このしょうせつはたくさんの国でほんやく（する→　　　　　　）いる。

2　母はよく私を買い物に（行く→　　　　　　）。

3　高校生のとき、親は私にバイクのめんきょを（とる→　　　　　　）くれなかった。

4　あのおてらは16せいきに（建てる→　　　　　　）ものだ。

5　私のかさがない。だれかに（まちがえる→　　　　　　）ようだ。

6　「ぶちょう、その仕事、私に（てつだう→　　　　　　）いただけませんか」

7　うちの前にごみを（すてる→　　　　　　）こまっている。

8　山田さんは、おもしろいことを言ってみんなを（わらう→　　　　　　）のが上手だ。

9　道で転んで、みんなに（わらう→　　　　　　）しまった。

10　弟は病気をして、親をしんぱい（する→　　　　　　）た。

問題Ⅲ　質問に答えてください。

れい）　母が買った花びんをこわしてしまった。

→花びんをこわした人はだれですか。　　　　　　　　　　私

1　リンさんがいそがしそうだったので、「てつだいます」と言ったら、「ありがとう。たすかります」と言われました。

→いそがしそうな人はだれですか。　　　　　　　　____________

→てつだう人はだれですか。　　　　　　　　　　____________

2　新しいスマホがふくざつすぎてよくわかりません。友だちのランさんに使い方を教えてもらおうと思っています。

→使い方がわからない人はだれですか。　　　　　____________

→使い方を教える人はだれですか。　　　　　　　____________

3　さいきんは、いろいろなものがいろいろなものにリサイクルされています。たとえば、料理に使ったあぶらはせっけんに、ペットボトルはカーペットや服になります。

→せっけんになるのは何ですか。　　　　　　　　____________

→カーペットになるのは何ですか。　　　　　　　____________

4　山田さんが作ってくれたケーキを弟といっしょに食べました。

→ケーキを食べた人はだれとだれですか。　　　____________

→ケーキを作った人はだれですか。　　　　　　____________

5　上田さんは毎朝弟さんに起こしてもらっているそうです。

→どちらが早く起きますか。　　　　　　　　　　____________

問題Ⅰ　下の □ からいいものをえらんで書いてください。

この間	さいきん	さっき	ずいぶん	すぐ
できるだけ	なかなか	もうすぐ	もっと	ゆっくり

1　毎日れんしゅうしているのだが、（　　　　　　　）上手にならない。

2　（　　　　　　　）、ひさしぶりに国の友だちと会った。

3　（　　　　　　　）あたたかい日がつづいている。（　　　　　　　）春だ。

4　A「かちょうは？」

　　B「ああ、かちょうなら（　　　　　　　）お帰りになりましたよ」

　　A「へえ、今日は（　　　　　　　）早く帰られたんですね」

5　子ども「お父さん、今日はぼくのたんじょう日だから、早く帰ってきてね」

　　父　親「うん、（　　　　　　　）早く帰ってくるよ」

6　「たいへんです！（　　　　　　　）来てください」

7　「待って。（　　　　　　）（　　　　　　　）歩いて」

問題Ⅱ　どちらが正しいですか。

　日本は地しんが多い国ですが、私の国でもときどき地しんがあります。おとといの夜、インターネットでニュースを見ていました。私の国で地しんが（ ある ・ あった ）と書いてありました。

　急いで家族に電話をしましたが、だれも（ 出ました ・ 出ませんでした ）。メールにもへんしんが（ ありました ・ ありませんでした ）。この日は家族のことがしんぱいで、ねられませんでした。今朝、やっと家族から電話が（ 来ました ・ 来ませんでした ）。地しんで電話が使えなかったが、今は使えるように（ なった ・ した ）と言っていました。電話を（ くれて ・ もらって ）、とても安心しました。

問題Ⅲ　上の文の内容とあっていたら〇、ちがっていたら×を書いてください。

1　スミスさんが今国へ帰っていることを知らなくて、電話をかけてしまった。

（　　　　）スミスさんは国から電話をかけてきた。

（　　　　）私はスミスさんに電話をかけた。

（　　　　）スミスさんは私が今国にいることを知らなかった。

2　木村さんは友だちのミンさんにとってもらった写真を見せてくれた。

（　　　　）写真をとったのはミンさんの友だちだ。

（　　　　）写真を見せたのは木村さんで、写真を見たのは私だ。

（　　　　）私はミンさんがとった写真を見せてもらった。

（　　　　）ミンさんは木村さんの友だちで、写真をとってあげた。

3　毎日くすりを飲んでいるのに、かぜがなおらない。もう一度病院へ行って、みてもらったほうがいいだろう。

（　　　　）くすりを飲んだのでかぜがなおった。

（　　　　）また病院へ行って、みてもらおうと思う。

4　A「コンサートはもう始まりましたか。もう入れませんか」

　　B「まだですけど、もうすぐ始まります。急いでください」

（　　　　）コンサートはまだ始まっていない。

（　　　　）もうコンサートが始まったので、入ることができない。

5　ぶちょう「来年から3年くらいイギリスに行ってくれるかな」

　　村　　田「わかりました。2、3日、考えさせていただけますか」

（　　　　）ぶちょうは村田さんをイギリスにてんきん*させたいと考えている。

（　　　　）村田さんは行くかどうか、すぐにへんじをしなかった。

＊　てんきん：Job transfer　调动　Chuyển nơi công tác

問題Ⅰ　下の □□□ からいいものをえらんで書いてください。2かい使うことばもあります。

しかし　　そして　　それで　　それでは　　それに　　でも　　まず　　また

1　A「カードにチャージしたいんですが、どうするんですか」

　　B「（　　　　　　　）ここにカードをおきます。それからお金を入れてください」

2　「私は日本でアニメの勉強をしたいと思いました。（　　　　　　　）、国で１年日本語を勉強しました。（　　　　　　　）去年、日本へ来ました」

3　医者　　「どうしましたか」

　　かんじゃ「せきも出るし、はな水も出るし、（　　　　　　　）あたまもいたいです」

4　「何か質問はありませんか。……ないようですね。（　　　　　　　）今日のミーティングを終わります」

5　ほんとうは音楽の勉強がしたかった。（　　　　　　　）親にはんたいされたので、けいざい学部に入学することにした。

6　「私、ほんとうは音楽の勉強がしたかったんです。（　　　　　　　）親にはんたいされたので、けいざい学部に入ったんです」

7　かぜをひくと、すぐにねつが出る人がいる。（　　　　　　　）、ねつは出ないが、せきやはな水がひどい人もいる。

8　A「Bさん、どう思いますか」

　　B「わかりません」

　　A「（　　　　　　　）Cさん、どうですか」

9　A「きのう、駅のかいだんで転んで、下までおちてしまったんですよ」

　　B「えーっ、（　　　　　　　）、どうなったんですか？」

問題Ⅱ　どちらがいいですか。

1　妹は日本へ来たばかりです。でも、（　　　　　）。

　　　① かんたんな会話ならできます　　② 日本語はあまり話せません

2　この道は工事中です。だから（　　　　　）。

　　　① もっと広い道になります　　② 今日は通れません

3　A「英語、お上手ですね。びっくりしました」

　　B「ありがとうございます。じつは、（　　　　　）」

　　　① 子どものころ、アメリカに住んでいたことがあるんです

　　　② Cさんは私よりもっとお上手なんですよ

問題Ⅲ　（　　　　）に入るものを下からえらんでください。

鈴　木：グプタさん、今度いっしょにスキーに行きませんか。

グプタ：ええ、でも……。

鈴　木：（　　　　　）。

グプタ：いいえ、さむいのはだいじょうぶです。でも、（　　　　　）。

鈴　木：それはだいじょうぶですよ。スキー場で借りられますから。

グプタ：ほんとうですか。

鈴　木：ええ。それから、スキーのときに着る服がなければ（　　　　　）。

グプタ：ありがとうございます。じゃ、行きます。一度スキーを（　　　　　）。

　　　① さむいのはすきですか　　　　　② さむいのはきらいですか

　　　③ スポーツがきらいです　　　　　④ スキーのどうぐを借りてもいいですか

　　　⑤ スキーのどうぐを持っていません　⑥ 兄のを貸してあげますよ

　　　⑦ 買ってください　　　　　　　　⑧ したことがないんです

　　　⑨ しておいたんです　　　　　　　⑩ してみたかったんです

UNIT 3

問題Ⅰ　下の ☐ からいいものをえらんで書いてください。2かい使うことばもあります。

おおぜい	きっと	そんなに	たいてい	とくに
また	もう少し	もし	やっと	ゆっくり

1　A「きのうのテストはむずかしかったですか」

　　B「いいえ、（　　　　　　　　　　）むずかしくなかったです」

2　A「さっきたのんだ仕事、終わりましたか」

　　B「まだです。すみません、（　　　　　　　　　　）時間をください」

3　タクシーのり場に（　　　　　　　　　　）の人がならんでいた。

4　今度の冬休みはどこへも行かないで、家で（　　　　　　　　　　）したい。

5　「私は日本料理が大すきです。（　　　　　　　　　　）牛どんがすきです」

6　夜は（　　　　　　　　　　）11時ごろねる。

7　「（　　　　　　　　　　）口にあわなかったら、むりに食べなくてもいいですよ」

8　チンさんはよく勉強しているから、（　　　　　　　　　　）ごうかくするだろう。

9　3時間歩いて、（　　　　　　　　　　）山の上に着いた。

10　先週、はじめてすしを食べた。おいしかったから、（　　　　　　　　　　）食べたい。

11　A「（　　　　　　　　　　）たくさんのりんご、どうしたの?」

　　B「親が送ってくれたんだ」

問題Ⅱ　（　　　）に助詞を書いてください。「でも」が入るところもあります。いらないときは×を書いてください。

1　1週間（　　　）3かい（　　　）、日本料理の教室（　　　）通っている。

2　私は日本のアニメ映画（　　　）きょうみがある。

3　そつぎょうのおいわい（　　　）、花をあげた。

4　このおかしは、あまいもの（　　　）にがてな人（　　　）食べられる。

5　この町（　　　　）は有名なこうえん（　　　　）ある。とてもうつくしいこうえんで、

　　おおぜい（　　　　）人がここへ来る。

6　毎朝、朝ごはんを食べる。時間（　　　　）ないときでも、何（　　　　）食べる。

7　村田さん（　　　　）毎月さんかしている（　　　　）ボランティア（　　　　）、私（　　　　）

　　さんかしたい。

問題Ⅲ　（　　　　）に入るものを下からえらんでください。

1　A「お茶、もう少し（　　　　　　）」

　　B「ありがとうございます。もう（　　　　　　）」

2　A「どうも、かぜをひいたようです。あたまがいたくて……」

　　B「それは（　　　　　　）。どうぞお大事に」

3　A「その仕事は私がやっておきます」

　　B「そうですか。では、（　　　　　　）」

4　A「この仕事、5時までにおねがいします」

　　B「（　　　　　　）。あと1時間ですね」

5　A「あのう、かいぎ室を使わせてもらえませんか」

　　B「（　　　　　　）。1時間くらいなら」

6　A「（　　　　　　）。かお色が悪いですよ。ちょっと休んだらどうですか」

　　B「（　　　　　　）。じゃ、ちょっと休ませてもらいます」

7　A「スマホがこわれてしまって……だれにもれんらくできないんです」

　　B「それは（　　　　　　）」

① いいですよ　　　　② おねがいします　　　③ けっこうです

④ いけませんね　　　⑤ すみません　　　　　⑥ こまりましたね

⑦ わかりました　　　⑧ だいじょうぶですか　⑨ いかがですか

問題Ⅰ　下の □ からいいものをえらんで書いてください。２かい使うことばもあります。

かならず	ずっと	ぜひ	だいたい	たくさん
だんだん	ちょっと	ほかに	まだ	よく

1　３月になると（　　　　　　　　）あたたかくなる。

2　A「仕事は終わりましたか」

　　B「はい、（　　　　　　　　）終わりました。あと少しです」

3　私はアメリカのことは（　　　　　　　　）知らない。

4　あの子は朝からばんまで（　　　　　　　　）本を読んでいる。

5　「京都にはすばらしいおてらが（　　　　　　　　）ありますから、（　　　　　　　　）一度

　　行ってみてください」

6　A「その仕事、あしたまでに終わらないとこまるんですよ」

　　B「はい、（　　　　　　　　）終わらせます」

7　父はおさけを（　　　　　　　　）飲んだだけで、すぐ赤くなる。

8　「すみません、ビザのこうしんには在留カードとパスポートと、（　　　　　　　　）何がひ

　　つようですか」

9　私は（　　　　　　　　）富士山を見たことがない。（　　　　　　　　）見に行きたい。

10　私はあまり体がじょうぶじゃないので、（　　　　　　　　）かぜをひく。

問題Ⅱ　（　　　）に助詞を書いてください。

1　こいびと（　　　）けっこん（　　　）もうしこんだ。

2　早くこいびと（　　　）けっこんしたい。

3　きのう、ひさしぶりに兄（　　　）電話（　　　）話した。

4　「このことは、だれ（　　　）（　　　）話さないでください」

5　こまったとき、私はたいてい母（　　　）そうだんする。

問題Ⅲ　つぎの会話を読んで、質問に答えてください。

アリフ：チャンさん、今度のスピーチコンテストに出ますか。

チャン：まだ（　　ア　　）。

アリフ：私は出ますよ。いっしょに（　　イ　　）！

チャン：（　　ウ　　）私は発音がきれいじゃないですから……。

アリフ：私もですよ。だから、いっしょにがんばってれんしゅうしましょう。先生も、スピーチコンテストに出たら上手に話せるようになると言っていましたよ。

チャン：そうですね。じゃ、がんばってれんしゅうします。

問１　（　　　）に入ることばをえらんでください。

　　　ア ① きめません　　　② きめていません

　　　イ ① 出ましょうか　　② 出ましょう

　　　ウ ① でも　　　　　　② だから　　　　　　③ そして

問２　私もですよ　はどういう意味ですか。

　　　① 私もがんばってれんしゅうします

　　　② 私もいっしょに出ます

　　　③ 私も発音がきれいじゃありません

問３　先生はどう思っていますか。

　　　① スピーチコンテストに出た方がいい

　　　② スピーチコンテストは出ても出なくてもいい

　　　③ スピーチコンテストには出ない方がいい

問４　チャンさんはどうすることにしましたか

　　　① スピーチコンテストに出る　　② スピーチコンテストに出ない

問題Ⅰ　（　　　）に入るものを下からえらんでください。

　私は半年前にインドから来ました。今、東京に住んでいて、コンピューターの会社ではたらいています。日本へ来る前に、半年日本語を勉強したので、（　　1　　）できます。（　　2　　）漢字はほとんど読めません。会社では英語で話しますから、こまることはありません。

　家族はつまとむすめが一人です。つまも少し日本語が（　　3　　）、もっと上手になりたいそうで、日本語教室に通っています。上手になったら、料理教室に通いたいと（　　4　　）。

　むすめは小学校1年生です。きんじょの小学校に通っています。はじめはぜんぜん日本語がわかりませんでしたが、今では友だちもできて、楽しそうです。この間、むすめが友だちと日本語で話しているのを（　　5　　）、びっくりしました。私より（　　6　　）。

1　① かんたんな会話でも　　　　② かんたんな会話なら
　　③ むずかしい会話だったら　　④ むずかしい会話は

2　① そして　　　　② だから　　　　③ でも　　　　④ つぎに

3　① 話しますから　　② 話せますから　　③ 話しますが　　④ 話せますが

4　① 言います　　② 言いました　　③ 言っています　　④ 言うでしょう

5　① 聞く　　② 聞いて　　③ 聞いた　　④ 聞いたから

6　① 上手かもしれません　　② 上手だそうです
　　③ 下手そうです　　　　　④ 下手じゃないでしょう

問題Ⅱ　絵を見て、いちばんいいものをえらんでください。

1

① 先生、持ってあげましょう。

② 先生、持たれましょうか。

③ 先生、お持ちします。

UNIT 3

2

① ぶちょう、今よろしいでしょうか。

② ぶちょう、今おいそがしくないですか。

③ ぶちょう、今おひまでしょうか。

3

① お休みをいただけないでしょうか。

② 休んでいただけないでしょうか。

③ 休ませてくださったらいかがでしょ
うか。

4

① お名前、何とお読みになるんですか。

② お名前、何とお読みするんですか。

③ お名前、何と読まれればよろしいで
すか。

問題Ⅲ　つぎのぶんしょうを読んで、質問に答えてください。

> 病気で入院したことは、クラスの友だちには知られたくない。先生がおみまいに
> 来てくださったが、だれにも言わないようにおねがいした。

問1　だれはだれのことですか。

　　① クラスの友だち　　　② 先生　　　③ 私

問2　言わないというのは、何を言わないのですか。

　　① 私が入院したこと　　　　　② 先生がおみまいに来たこと

　　③ 友だちに知られたくないこと

問3　だれがだれにおねがいしましたか。

　　① 先生が私に　　　② 先生がクラスの友だちに　　　③ 私が先生に

・N3までに覚えておきたい６つのこと

・読解問題

　ここでは、初級テキストでは取り上げていないけれども、中級レベル（N3レベル）に行く前に知っておいたほうがよい、初級文型の「＋α」の使い方について学びます。文章の中にもよく出てくるので、読解問題を理解するのに役立ちます。また、実践的な模擬問題も用意しましたので、N3を目指す前の復習として取り組んでみてください。

N3までに覚えておきたい6つのこと

1. 様態の「そうだ」について

復習

様態の「そうだ」は、い形容詞、な形容詞、動詞に接続します。名詞にはつづきません。い形容詞、な形容詞のときは、否定の文にもなります。

れい）・このりんごはおいしそうです。（い形容詞）

・このりんごはおいしそうじゃありません。（い形容詞の否定）

・あの人はひまそうです。（な形容詞）

・あの人はひまそうじゃありません。（な形容詞の否定）

　　　＊動詞に接続したときの否定文は中級で勉強します。

・もうすぐ雨がふりそうです。（初級）

・きょうは雨はふりそうもありません。（中級）

◎ 様態の「そうだ」は名詞や動詞を修飾＊することができる！

「そうだ」はな形容詞と同じ活用をして、名詞や動詞などを修飾することができます。

接続：　～そうな＋名詞、～そうに＋動詞

れい）・おいしそうな料理がたくさんありました。

・子どもがりんごをおいしそうに食べています。

（＝子どもがおいしそうにりんごを食べています。）

・あの人はひまそうなかおをしています。

・あの人はひまそうにたばこをすっています。

・バスが急に止まったので、たおれそうになった。

・あの子どもはおかしを食べたそうなかおをしています。

＊修飾：Modify　修饰　Bổ nghĩa

問題Ⅰ　（　　　　）にひらがなを1字書いてください。

1　こうえんで、子どもたちが楽しそう（　　　　）あそんでいます。

2　A「(写真を見ながら) この方はどなたですか」
　　B「兄です」
　　A「やさしそう（　　　　）方ですね」

3　弟は食べることが大すきで、なんでもおいしそう（　　　　）食べる。

4　A「この映画、見に行こうよ」
　　B「ええっ、そんなこわそう（　　　　）映画、見たくないよ」

5　「鳥が気持ちよさそう（　　　　）空をとんでいる。私もとびたいなあ」

6　きのう、田中さんのおみまいに行った。元気そう（　　　　）安心した。

7　A「花子、雨がふりそう（　　　　）から、かさを持っていきなさい」
　　B「うん、そうする」

問題Ⅱ　どちらが正しいですか。

1　その本は漢字が少ないので（かんたんそうな・かんたんそうに）見えたが、読んでみたらむずかしかった。

2　「外は（さむそう・さむそうだ）から、コートを着ていった方がいいですよ」

3　A「ずいぶん（むずかしそうな・むずかしそうに）本を読んでいますね」
　　B「ええ、来週までにレポートを書かなければならないんです」

4　A「雪が（ふりそうな・ふりそうに）空ですね」
　　B「そうですね。天気よほうでふると言っていましたよ」

2.「と」と「たら」について

復習

「と」の意味：

いつも… ～だ／～する

れい）・あのかどを右にまがると駅があります。

　　　・このスイッチをおすと電気がつきます。

「たら」の意味：

①そのときは…（仮定）

れい）・もしあしたはれたら山へ行くつもりです。

　　　・もしあした雨だったら、出かけないでうちにいます。

②そのあと、それが終わったら…（後で）

れい）・名前をよばれたらへんじをしてください。

　　　・冬休みになったら一時帰国するつもりです。

◎「と」と「たら」にはいろいろな意味がある！

意味　①…になった（結果）　　②…だとわかった（発見）

れい）・エアコンをつけると／つけたら、すぐにあたたかくなった。

　　　・カーテンを開けたら／開けると富士山が見えた。

　　　・朝起きたら／起きるともう10時だった。

　　　　＊文末は、過去形です。

問題　（　　　）に入るものを下からえらんでください。

1　ひさしぶりにベッドの下をそうじしたら、（　　　　　）。

2　海の近くのホテルにとまった。夜、へやのまどを開けたら、（　　　　　）。

3　古いエアコンが使えるかどうかつけてみたら、（　　　　　）。

4　こうばんで教えてもらった道をまっすぐ行ったら、（　　　　　）。

5　友だちにひっこしをてつだってもらったら、（　　　　　）。

6　子どもをスーパーへ買い物に行かせたら、（　　　　　）。

7　レジでお金をはらおうとしたら、（　　　　　）。

① へんな音がしたのですぐけした　　② 1時間も帰って来なかった

③ さいふがなかった　　④ 先月なくしたゆびわがあった

⑤ ほしがとてもきれいだった　　⑥ やくそくの時間より早く着いた

⑦ 大切なカップをわられてしまった

3.「なら」について

復習（ふくしゅう）

条件（じょうけん）の「ば」は、動詞（どうし）・い形容詞（けいようし）に接続（せつぞく）するときは「ば」、な形容詞（けいようし）・名詞（めいし）に接続（せつぞく）するときは「なら」になります。

れい）・毎日日本語（まいにちにほんご）をれんしゅうすれば、上手（じょうず）になります。

　　　・天気（てんき）がよければ、こうえんをさんぽします。

　　　・ひまなら、てつだってもらえませんか。

　　　・いい天気（てんき）なら、出（で）かけたいです。

◎ 条件（じょうけん）の「なら」とは別（べつ）の「なら」がある!?

普通体（ふつうたい）に接続（せつぞく）する「なら」は、話（はな）しているときに、あいての言（い）ったことばを使（つか）って、そのことについて意見（いけん）を言（い）ったり、自分（じぶん）が知（し）っていることを話（はな）したりするときに使（つか）います。

	動詞（どうし）	い形容詞（けいようし）	な形容詞（けいようし）	名詞（めいし）
ば	すれば／しなければ	高（たか）ければ	元気（げんき）なら	学生（がくせい）なら
なら	するなら／しないなら	高（たか）いなら	元気（げんき）なら	学生（がくせい）なら

れい）・A「すみません、渡辺（わたなべ）さん、いますか」

　　　　B「渡辺（わたなべ）さん　なら　、かいぎ室（しつ）にいると思（おも）いますよ」

　　　・A「来月北海道（らいげつほっかいどう）へ行（い）こうと思（おも）っています」

　　　　B「北海道（ほっかいどう）へ行（い）く　なら　、あたたかい服（ふく）を着（き）ていった方（ほう）がいいですよ」

　　　・A「ここ、あついですね」

　　　　B「あつい　なら　、エアコンをつけましょうか」

　　　・A「すみません、おさしみはちょっと……」

　　　　B「すきじゃない　なら　、むりに食（た）べなくてもいいですよ」

問題Ⅰ　（　　　）に入るものを下からえらんでください。

1　A「今朝からあたまがいたくて……」
　　B「あたまがいたいなら、（　　　　　）」

2　A「こんばん、パーティーだね。つかれてるし、あしたテストもあるし……」
　　B「行きたくないなら、（　　　　　）」

3　A「ちょっとコンビニへ行ってくるね」
　　B「あ、コンビニへ行くなら、（　　　　　）?」

4　A「北海道はもう雪がふっているそうですよ」
　　B「そうですか。北海道がそんなにさむいなら、（　　　　　）」

5　A「すみません、コピーをさせていただきたいんですが……」
　　B「コピーなら、（　　　　　）」

6　A「大学でコンピューターを勉強したいんですが、お金がかかりますよね」
　　B「お金のことなら、（　　　　　）」

7　A「すみません。リーさん、いらっしゃいますか」
　　B「リーさんなら、（　　　　　）」

①　1まい10円かかりますが、ロビーでできますよ
②　そんなにしんぱいしなくてもいいですよ。しょうがく金がありますから
③　早く「つごうが悪い」ってれんらくした方がいいよ
④　コーヒー、買ってきてくれる
⑤　たった今帰ったところです
⑥　むりしないで今日は帰った方がいいですよ
⑦　いいくすりが発売されたそうですよ
⑧　東京もきおんが下がるでしょうね

問題Ⅱ　（　　　）に入るものを下からえらんでください。

1　119ばんに電話すると、10分で（　　　　　）。

2　「まどを開けないでください。開けると、（　　　　　）から」

3　A「すみません、はさみはどこですか」
　　B「はさみなら（　　　　　）よ」

4　あついのでエアコンをつけたら、（　　　　　）。

5　しんかんせんにのって外を見ていたら、（　　　　　）。

6　A「図書館へはどうやって行ったらいいですか」
　　B「図書館へ行くなら（　　　　　）よ」

7　きのう、うちへ帰ったら、（　　　　　）。

8　A「日曜日のこうりゅう会、どうしますか。リンさんは行くと言っていましたけど
　　　……」
　　B「リンさんが行くなら、（　　　　　）」

① バスがべんりです　　　　　② そこのひき出しにあります
③ 私も行きます　　　　　　　④ 学校へ行くでしょう
⑤ すぐにすずしくなった　　　⑥ すぐにすずしくなるでしょう
⑦ 富士山が見えた　　　　　　⑧ きゅうきゅう車が来た
⑨ むしが入って来ます　　　　⑩ つくえの上にプレゼントがあった

問題Ⅲ つぎのぶんしょうを読んで、内容とあっていたら〇、ちがっていたら×を書いてください。

本屋へ行ったら、とてもおもしろそうな本があった。ほしいと思ったが、3000円もする本だ。家の近くの図書館のホームページでこの本があるかどうかさがしてみたら、あった。あした借りに行こうと思う。

1　（　　　）3000円の本は高くて買えないと思った。

2　（　　　）あした、本屋へ3000円の本を買いに行くつもりだ。

3　（　　　）3000円の本は図書館のホームページで読むことにした。

4.「まで」と「までに」について

「まで」 ： れい）・私は毎日学校で9時から12時まで勉強します。
　　　　　　　　　・図書館は8時から19時まで開いています。

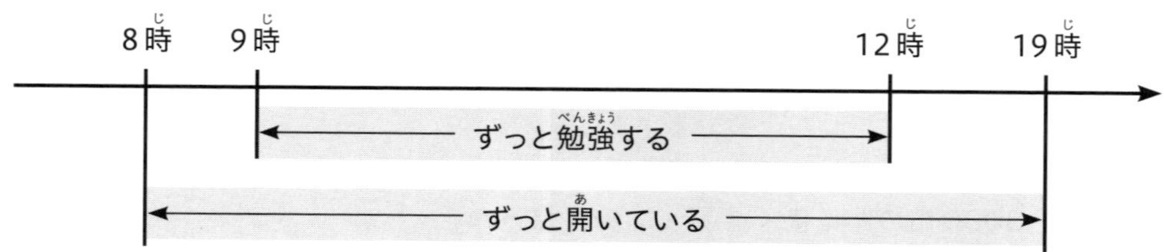

「までに」 ： れい）・この本は、来週の月曜日 までに かえさなければならない。
　　　　　　　　　・しゅくだいは、来週の月曜日の12時 までに 出してください。

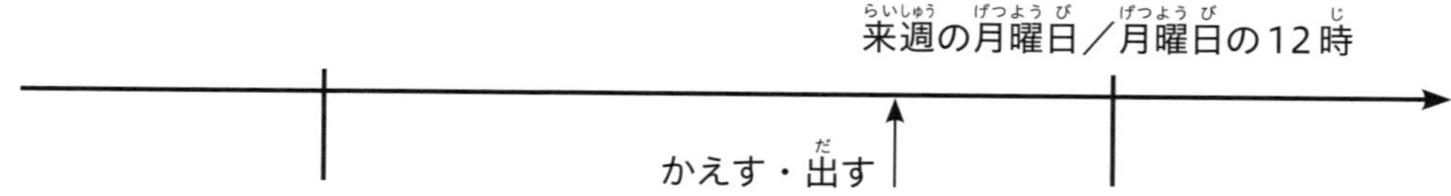

れいで使われている動詞「出す」「かえす」は一度だけの動作なので、ずっと（たとえば9時から12時まで）つづけることはできません。しゅくだいを出すのは金曜日でも月曜日の10時でもいいですが、しめきりは月曜日の12時ときまっています。12時10分、13時、来週の火曜日に出すことはできません。

　　れい）・きのうの夜は、友だちと10時（ ○まで・×までに ）電話で話しました。
　　　　　・ホームステイにさんかする人はあした（ ×まで・○までに ）もうしこんでください。

問題Ⅰ　どちらがいいですか。

1　アルバイトをしています。12時から18時（ まで・までに ）仕事をします。

2　9時（ まで・までに ）学校に着かないとちこくになるから、いそごう。

3　「この本は来週の金曜日（ まで・までに ）かえしてください。

　　それ（ まで・までに ）ゆっくり読んでくださいね」

4　きのうは17時（ まで・までに ）はたらいて、それから友だちの家へ行きました。

5　この図書館は、夜9時（ まで・までに ）開いていて、とてもべんりです。

6　このCDはあさって（ まで・までに ）借りることができるそうだ。

7　やちんは前の月の20日（ まで・までに ）はらってください。

8　来週国の母がうちに来る。それ（ まで・までに ）そうじしておかなければならない。

問題Ⅱ　つぎのぶんしょうを読んで、内容とあっていたら〇、ちがっていたら×を書いてください。

来週のパーティーのばしょがきまりました。レストラン「ふじ」です。さんかする人は金曜日までに田中さんにメールでれんらくしてください。

1　（　　　）さんかする人がれんらくするのは木曜日でもいい。

2　（　　　）さんかしない人はメールでれんらくしなくてもいい。

3　（　　　）私はみんなからのれんらくのメールをまっている。

5.「～てほしい」と「～てもらいたい」について

復習（ふくしゅう）

・私（わたし）は新（あたら）しいコンピューターがほしいです。

コンピューターがほしい人（ひと） → 私（わたし）

・私（わたし）は友（とも）だちにひっこしをてつだってもらった。

「ひっこしをてつだってください」とたのんだ人（ひと） → 私（わたし）

ひっこしをてつだった人（ひと） → 友（とも）だち

◎「～てほしい」と「～てもらいたい」はだれがするのかを考（かんが）えよう！

「～てほしい」「～てもらいたい」は、「あいてが（私（わたし）のために）何（なに）かしてくれることをねがう」ときの言（い）い方（かた）です。

れい）・私（わたし）は両親（りょうしん）に日本（にほん）へ来（き）てほしい／てもらいたい。

日本（にほん）へ来（く）る人（ひと） → 両親（りょうしん）

両親（りょうしん）が日本（にほん）へ来（く）ることをねがっている人（ひと） → 私（わたし）

・私（わたし）はリーさんにスピーチコンテストに出（で）てほしい／てもらいたい。

スピーチコンテストに出（で）る人（ひと） → リーさん

リーさんがスピーチコンテストに出（で）るのがいいと思（おも）っている人（ひと） → 私（わたし）

・私（わたし）は友（とも）だちにひっこしをてつだってほしい／てもらいたい。

ひっこしをてつだう人（ひと） → 友（とも）だち

友（とも）だちがひっこしをてつだってくれることをねがっている人（ひと） → 私（わたし）

＊この言（い）い方（かた）を使（つか）って、相手（あいて）におねがいすることができます。

・ちょっと待（ま）ってもらえる／くれる？

→ちょっと待（ま）ってほしいんだけど／もらいたいんだけど。

・教（おし）えてくださいませんか／いただけませんか。

→教（おし）えていただきたいんですが。

＊使役形を使うと、動作をする人が変わるので注意がひつようです。
「～てもらう」　　　田中さんに話を<u>してもらう</u>。（話をする人→田中さん）
「～させてもらう」　話を<u>させてもらう</u>。（話をする人→私）

問題 I　質問に答えてください。

1　A「聞こえないよ。もう少し大きいこえで話してもらいたいなあ」

　　B「すみません」

　　　→　こえが小さい人は？　　　　　　　　　　　　　　　　（Ａ・Ｂ）

　　　→　こえが聞こえなくてこまっている人は？　　　　　　　（Ａ・Ｂ）

2　A「ごめん、ちょっとしずかにしてほしいんだけど……」

　　B「あ、すみません」

　　　→　うるさくてこまっている人は？　　　　　　　　　　　（Ａ・Ｂ）

　　　→　うるさくしている人は？　　　　　　　　　　　　　　（Ａ・Ｂ）

問題 II　てつだう人はどちらですか。

1　A「ちょっとてつだってほしいんだけど」　　　B「いいですよ」　　　　　（Ａ・Ｂ）

2　A「てつだってくれますか」　　　　　　　　B「わかりました」　　　　（Ａ・Ｂ）

3　A「てつだわせてもらえますか」　　　　　　B「いいですけど」　　　　（Ａ・Ｂ）

4　A「てつだってもらえるとうれしいです」　　B「わかりました」　　　　（Ａ・Ｂ）

5　A「おねがいです、てつだわせてください」　B「はいはい」　　　　　　（Ａ・Ｂ）

1

① 見てください。

② 見ていただけますか。

③ 見てもよろしいでしょうか。

2

① 書いていただきたいんですけど。

② 書いていただかないでしょうか。

③ 書いてくださいませんか。

＊すいせんしょ：Letter of recommendation
推荐信　Giấy giới thiệu

3

① つつんだ方がいいです。

② つつんでほしいんですけど。

③ つつんでもらえますか。

4

① かちょうのサインがほしいです。

② サインをおねがいします。

③ サインをいただけますか。

5

① りゅうがくさせてくれない？

② りゅうがくさせてもらえない？

③ りゅうがくさせたいんだけど。

6 

① 待ってもらいますか。

② 待ってもらいたいんですけど。

③ 待ってくれませんか。

7 

① かわってほしいんだけど……。

② かわってくれない？

③ かわってもらいたいなあ。

8 

① おいてもかまいませんか。

② おかせてもらってもいいですか。

③ おいてほしいんですが。

6.「～ことにしている」と「～ことになっている」について

復習

「～ことにする」は自分できめたことを言うときに、「～ことになる」はほかの人がきめたことや、理由があってそうしなければならないことを言うときに使います。

れい）・A「せんもん学校をそつぎょうしたらどうしますか。帰国しますか」
　　　　B「いろいろ考えましたが、日本でしゅうしょくすることにしました」
　　　・今日はもうおそいから、この仕事はあしたやることにしよう。
　　　・来週、クラスのみんなであそびに行くことになりました。
　　　・ベトナムに新しい工場を作るので、1か月くらいしゅっちょうすることになるだろう。
　　　・急に帰国することになった。国の父が入院したのだ。

◎「～ことにしている」「～ことになっている」はしゅうかんやルールをあらわす！

　　「～ことにしている」は自分できめて気をつけているしゅうかんを言うときに使います。
　　「～ことになっている」はきめられたルールやしゅうかんを言うときに使います。

れい）・けんこうのために、毎日運動することにしている。
　　　・日本語の会話が上手になるように、できるだけ日本人と話すことにしている。
　　　・日本では、車はどうろの左がわを走ることになっている。
　　　・うちでは、1月2日に親せき＊がみんな集まることになっている。

　　＊親せき：Relatives　亲戚　Người thân

1　キムさんは今の仕事がいやなので、新しい仕事をさがすことに（ した・なった ）そうだ。

2　妹は試験にごうかくして、カナダの大学にりゅうがくできることに（ した・なった ）。

3　ぶちょうに言われて、来週大阪へしゅっちょうすることに（ した・なった ）。

4　A「あしたの○○大学のオープンキャンパス、行くよね?」
　　B「ごめん。家で休むことに（ した・なった ）よ。ちょうし悪くて」

5　知らないことばがあったら、すぐにじしょでしらべることに（ している・なっている ）。

6　テストのときは、スマホを見てはいけないことに（ している・なっている ）。

7　私のアパートでは、プラスチックごみは火曜日に出すことに（ している・なっている ）。

8　毎朝、起きてすぐ体を動かすことに（ する・している・なる・なっている ）。そうすると、朝ごはんがおいしく食べられるのだ。

9　「先生、これからは毎日2時間、勉強することに（ します・しています・なります・なっています)」

10　このバスは、のるときにお金をはらうことに（ する・している・なる・なっている ）。

問題 I　上の文の内容とあっていたら○、ちがっていたら×を書いてください。

（1）　家からいちばん近いスーパーまで歩いて10分もかかる。

　　1（　　　）スーパーまでとおいと思っている。

　　2（　　　）スーパーまであまりとおくないと思っている。

（2）　この間、クインさんにりんごをあげました。大きいりんごだったので、クインさん
　　は半分だけ食べて、半分はれいぞうこに入れておいたそうです。つぎの日にそれを
　　食べようと思ってれいぞうこを開けたら、なかったそうです。クインさんは「弟に
　　食べられた」とおこっていました。

　　1（　　　）私はクインさんにりんごを半分あげた。

　　2（　　　）クインさんは、私にもらったりんごを半分しか食べられなかった。

　　3（　　　）私の弟は、クインさんのりんごを半分食べた。

　　4（　　　）クインさんはりんごをぜんぶ一人で食べたかった。

（3）　朝、家を出るときコートのボタンがとれそうでした。でも、時間がなかったのでそ
　　のままにしました。学校に着いてコートをぬいだら、ボタンがありませんでした。
　　どこかでおとしたのだと思います。同じボタンを買おうと思って、いろいろな店へ
　　行きましたが、同じのはありませんでした。

　　1（　　　）学校でコートをぬいだら、ボタンがとれました。

　　2（　　　）ボタンをどこでおとしたかわかりません。

　　3（　　　）同じボタンがなくてこまっています。

（4）　さいきん、勉強やアルバイトがいそがしくて、運動する時間があまりない。時間があったら、できるだけジョギングすることにしているが、これは私には少々むずかしい。友だちによると、インターネットで体そう*1の動画*2が見られるそうだ。この動画を見ながら体を動かしたら、気持ちがいいだろう。

*1　体そう：Physical exercises　体操　Bài tập thể dục
*2　動画：Videos　视频　Video

1　（　　　）私はジョギングはむずかしいスポーツだと思う。

2　（　　　）私は体そうの動画の中の人といっしょに体を動かしてみた。

問題Ⅱ　（　　　　）に入るものを下からえらんでください。

　私の家は学校からとおい。バスと電車で１時間（　　１　　）。ときどき、雨やじこで（　　２　　）ことがある。きのうもじこがあって、いつもより40分もおくれてしまった。学校に（　　３　　）ときには、もうじゅぎょうが（　　４　　）。１時間目にテストがあったが、（　　５　　）。先生に「今日（　　６　　）」と聞いたら、「はい、うけてください」と言われた。じゅぎょうのあとでテストをうけて帰ったので、とてもつかれた。

1　① かかる　　　　　　　　　② かかった

2　① おくれる　　　　　　　　② おくれた

3　① 着く　　　　　　　　　　② 着いた

4　① 始まる　　② 始まった　　③ 始まっている　　④ 始まっていた

5　① うけた　　② うけなかった　　③ うけられた　　④ うけられなかった

6　① うけましょうか　　　　　② うけなければなりませんか

　　③ うけなくてもいいですか　　④ うけてはいけませんか

問題Ⅲ　つぎのぶんしょうを読んで、質問に答えてください。

（1）

私にはアルバイトで知り合った日本人の友だちがいます。よくメールをくれますが、私はこえが聞けるので、₁電話をかけます。こえを聞いて、「今どんな₂かおをして₃話しているのかな」と考えると、とても楽しくなります。（　　　　）、私は電話の方がすきです。

問1　だれが電話をかけますか。　　　　　　　　　　　　　　　　　　（ 私 ・ 友だち ）

問2　だれのかおですか。　　　　　　　　　　　　　　　　　　　　　（ 私 ・ 友だち ）

問3　話しているのはだれですか。　　　　　　　　　　　　　　　　　（ 私 ・ 友だち ）

問4　（　　　）に入るものはどちらですか。　　①　それから　　　②　ですから

（2）

エミ：リンさん、漢字のいいおぼえ方があったら、教えてもらいたいんだけど。
　　　なかなかおぼえられなくて……。

リン：うん。でも、私のおぼえ方がエミさんにもいいかどうかはわからないよ。

エミ：そうだね。でも、聞いてみたいからじゅぎょうが終わったら30分くらい
　　　時間もらえるかな。

リン：うん、いいよ。

エミ：＿＿＿＿＿＿＿＿＿＿＿＿＿＿。

問　＿＿＿＿＿＿＿＿＿＿＿に入るのはどれですか。

①　いそがしいのにごめんね。じゃ、じゅぎょうのあとでね。

②　やさしくしてくれてありがとう。じゃまたね。

③　リンさんの話をぜひ聞きたいから、じゅぎょうが終わったら来てね。

（3）

「ペットの犬やねこが死ぬと、虹の橋＊へ行く。（そこ・あそこ）はあたたかくて、きれいな花がさいていて、病気やけがもなおっている。ペットたちは（そこ・あそこ）で私たちが来るのを待っている」という話を聞いたことがある。ペットが死んでとてもかなしい人には、いい話だと思う。

＊虹の橋：Rainbow Bridge　彩虹桥　Cầu Cầu vồng (Rainbow Bridge)

問1　（　　　　）の正しい方に〇をつけてください。

問2　内容とあっていたら〇、ちがっていたら×を書いてください。

　　1　（　　　　）虹の橋には、ペットのためのいい病院がある。

　　2　（　　　　）虹の橋ではペットが、かっていた人を待っている。

（4）

山田様

メールをありがとうございました。買ったばかりのコンピューターが動かなくなってしまったとうかがいました。もうしわけございません。しゅうりの者がおたくにうかがいますので、ごつごうのいい日をごれんらくいただけませんでしょうか。よろしくおねがいいたします。
さとうでんき　田中美子

問　山田さんはまず何をしますか。

① コンピューターをしゅうりします。

② しゅうりの人にコンピューターをわたします。

③ 田中さんにれんらくします。

（5）

〈インフルエンザワクチンのご案内〉

山中クリニックでは、インフルエンザワクチンのせっしゅを始めます。

どなたでもせっしゅすることができます。

電話でかならずよやくをしてください（0120-123-×××）。

■20××年11月10日（月）〜

■うけつけ時間：午前8時〜11時、午後4時〜7時

（土曜日、日曜日、しゅくさいじつは休みです）

■せっしゅ料金：4000円

（東山市に住んでいる方は3000円、

東山市に住んでいる方で65さい以上の方は1000円）

20××年11月1日　山中クリニック

問　次の人のインフルエンザワクチンのせっしゅ料金はいくらですか。

1　Aさん：65さいで東山市に住んでいる。　＿＿＿＿＿＿＿＿円

2　Bさん：20さいで東山市の大学に通っている。　＿＿＿＿＿＿＿＿円

3　Cさん：30さいで東山市に住んでいる。　＿＿＿＿＿＿＿＿円

（6）

りゅうがくせいのためのオープンキャンパス

☆かならずよやくしてください☆

〇〇大学では、りゅうがくせいのためのオープンキャンパスを行います。
入学試験、じゅぎょう料、じゅぎょうの内容、しょうがく金、しゅうしょく…についてくわしくせつめいします！　りゅうがくせいの先ぱいと話すこともできます。

◆ 大学へ来られる方：大学のせつめい会会場へ来てください。
　　20××年10月1日（土）　　じょうほう学部：9時〜12時
　　　　　　　　　　　　　　けいざい学部：13時〜16時

　　　　　　　　　　→　よやくフォーム　http://abcdefg.jp

◆ 大学へ来られない方：Webせつめい会にさんかできます。
　　20××年10月2日（日）　　じょうほう学部：10時〜12時
　　　　　　　　　　　　　　けいざい学部：14時〜16時

　　　　　　　　　　→　よやくフォーム　http://gfedcba.jp

問1　じょうほう学を勉強したいですが、大学がとてもとおいので、家からさんかしたいです。いつさんかしますか。

　　　　　　　　　　　　　　　　月　　　日　　　時から

問2　どんな大学か行って見てみたいです。けいざい学を勉強したいと思っています。いつさんかしますか。

　　　　　　　　　　　　　　　　月　　　日　　　時から

（7）

チン：もしもし、チンです。

店長：ああ、チンさん。こんにちは。

チン：こんにちは。すみません、今日のアルバイトですが、（ 休んで・休ませて ）

いただけませんでしょうか。

店長：どうしたんですか。

チン：じつは、妹が病院へ（ 運んだ・運ばれた ）と学校かられんらくをもらっ

たんです。

店長：ええっ。それはたいへんですね。こちらのことはしんぱいしないで、早く

病院へ行って（ あげて・もらって ）ください。

チン：もうしわけありません。今日はアルバイトの人が（ 少ないのに・少なくて ）

……。またごれんらくします。ごめいわくをおかけして、ほんとうにもう

しわけありません。しつれいいたします。

問1　（　　　　）の正しい方に〇をつけてください。

問2　チンさんはどうして今日アルバイトを休むのですか。

____から。

問3　こちら　はどこですか。　　　　　　　　　　　　（ 学校・病院・店 ）

問4　これから病院へ行く人はだれですか。　　　　　（ チンさん・店長・妹 ）

問5　内容とあっていたら〇、ちがっていたら×を書いてください。

1　（　　　　）チンさんの妹は今から病院へ行く。

2　（　　　　）チンさんの妹はチンさんに電話をしてから病院へ行った。

3　（　　　　）チンさんはこれからアルバイトを休んで病院へ行く。

4　（　　　　）チンさんは病院へ行く前に店長に電話をかけた。

5　（　　　　）店長はチンさんの妹のことをしんぱいしていないと言った。

■著者紹介

安藤栄里子（あんどう　えりこ）
明新日本語学校教務主任。著書に『必ずできる！JLPT「読解」［N2・N3］』、『耳から覚える 日本語能力試験文法トレーニング［N1〜N4］』、『改訂版 耳から覚える 日本語能力試験語彙トレーニング［N1〜N3］』、『どんなときどう使う 日本語語彙学習辞典』（共著、アルク）がある。

足立尚子（あだち　なおこ）
総合研究大学院大学、（独）国際協力機構、（一財）日本国際協力センター講師。明海大学別科日本語研修課程、（独）日本学生支援機構、首都外国語学院非常勤講師。著書に『必ずできる！JLPT「読解」［N2・N3］』（共著、アルク）がある。

必ずできる！ 初級「読解」入門

発　行　日	2022年 6 月23日（初版）	
	2024年10月10日（第3刷）	
著　　　者	安藤栄里子	
	足立尚子	
編　　　集	株式会社アルク日本語編集部、今野咲恵	
デ ザ イ ン	早坂美香（SHURIKEN Graphic）	
Ｄ　Ｔ　Ｐ	株式会社創樹	
イ ラ ス ト	たくわかつし	
印 刷・製 本	萩原印刷株式会社	
発　行　者	天野 智之	
発　行　所	株式会社アルク	
	〒141-0001　東京都品川区北品川6-7-29　ガーデンシティ品川御殿山	
	Website:https://www.alc.co.jp/	

・落丁本、乱丁本は弊社にてお取り替えいたしております。
　Webお問い合わせフォームにてご連絡ください。
　https://www.alc.co.jp/inquiry/

・本書の全部または一部の無断転載を禁じます。
・著作権法上で認められた場合を除いて、本書からのコピーを禁じます。
・定価はカバーに表示してあります。
・訂正のお知らせなど、ご購入いただいた書籍の最新サポート情報は、
　以下の「製品サポート」ページでご提供いたします。
　製品サポート:https://www.alc.co.jp/usersupport/

別冊
解答

ウォーミングアップ

問題 I

普通体
行く
行かない
行った
行かなかった
大きい
大きくない
大きかった
大きくなかった
元気だ
元気じゃ（では）ない
元気だった
元気じゃ（では）なかった
子どもだ
子どもじゃ（では）ない
子どもだった
子どもじゃ（では）なかった

問題 II

1　×、に　　　　　2　×、に
3　に、で　　　　　4　を、の
5　に、や　　　　　6　が
7　で　　　　　　　8　に
9　を　　　　　　10　が

問題 III

1　あたたかく　　　　2　おいしかった
3　かんたんだった ＝ むずかしくなかった
4　白くて　　　　　　5　親切な
6　近くて、べんりな　7　きれいで
8　上手だ　　　　　　9　天気だった

問題 IV

1　行った、行きません、行き
2　のぼった、およいだ
3　食べる、食べた
4　帰った
5　さいた、行き
6　行った（行きました）
7　来て
8　知っています、知りません

問題 V

1　おふろに入ってはいけない
2　シャワーをあびてもいい
3　あの映画はおもしろくなかった
4　料理はあまり上手じゃない

問題 VI

来ました、多いです、あります、しました、
しずかでした、いませんでした、行きました、
にぎやかでした、見ました、とりました、
あげたいです、つかれました、楽しかったです

第 1 回

問題 I

1　あそこ　　　　　2　あの、あれ
3　それ、これ　　　4　この、それ

問題 II

1　②　　2　①　　3　②　　4　②
5　①　　6　①　　7　①　　8　②

問題 III

1　①　　2　①　　3　②　　4　①

問題 IV

1　どこ　　　　　　2　だれ
3　何　　　　　　　4　どんな
5　どうして／なぜ

第 2 回

問題 I

1　②　　2　②　　3　②　　4　②
5　①　　6　①　　7　②　　8　②

問題II
1　来て
2　行った、きれいで
3　しています
4　おすと
5　します
6　とることです

問題III
1　へ
2　で
3　を、に
4　が、が
5　は、が、よ
6　ね、ね
7　か
8　どこにも

問題IV
1　どうでした
2　どうやって／何で
3　やきゅうとサッカーとどちらが
4　（の中）で何がいちばん
5　（の中）でだれがいちばん

第3回

問題I
1　しましょう
2　していますか
3　止めて
4　これ
5　それ

問題II
1　から、まで、に、に
2　×、と、で、が、で、×
3　で、に、から、に
4　に、が、は

問題III
1　ぐらい
2　ぐらい
3　よく
4　ぜんぜん

問題IV
1　話している
2　すわっている
3　かぶって、持っている
4　かけて、読んでいる
5　飲んでいる

第4回

問題I
1　が
2　は、は
3　よ
4　が
5　が、でも
6　は、も、が、が

問題II
1　③
2　①
3　④
4　②
5　⑥

問題III
1　もらいました、あげました
2　くれた
3　もらっても
4　帰らなければなりません
5　行かないでください
6　書かなくてもいいです

問題IV
①

第5回

問題I
1　もらいました
2　くれました
3　あげました
4　来た、もらった
5　来る、くれた
6　貸して
7　くれる
8　教えて

問題II
1　○、×
2　×、○
3　×、×、○

問題III
1　は、が
2　は、を
3　に、や、が、も／は、は
4　か、も

問題IV
1　②
2　③
3　③

第6回

問題I
1　④
2　⑤
3　②
4　⑥
5　③

問題II
1　①
2　②
3　②
4　①
5　②
6　②

問題III
1　しらべても
2　わからないことばがあったら
3　いい大学に入りたかったら
4　雨でも、雨だったら
5　高かったら、高くても
6　おさけがすきじゃなかったら、飲まなくても
7　お金があっても、友だちがいなかったら

第7回

問題I
1　会った　　　　　2　食べる
3　入る　　　　　　4　来る
5　帰る　　　　　　6　ひいた
7　読む　　　　　　8　着ている
9　いたくても　　　10　そんなに
11　食べますか

問題II
1　〇　　　　　　　2　×、〇
3　×、×　　　　　4　×、×、〇、〇

問題III
1　と、と、が、の、が、も
2　を、が　　　　　3　か、が

問題IV
1　キムさん　　　　2　スミスさん
3　田中さん　　　　4　リンさん

第8回

問題I
1　〇、×　　　2　×、〇　　　3　×、×

問題II
1　②　　2　④　　3　⑧　　4　①
5　⑥　　6　③　　7　⑦

問題III
1　に、×、も　　2　に、で／でも、で

問題IV
1　きのう駅前の本屋で買った本です
2　作っている料理はカレーです
3　きのう買ったにんぎょうをグエンさんにあげ
　　ました
4　車をつくっている工場です
5　私の国にはないくだものです

第9回

問題I
1　B　　　2　A　　　3　B、A

問題II
（1）　④ → ② → ① → ⑥ → ⑤ → ③
（2）　1　②　　　2　①　　　3　⑤　　　4　⑦
　　　　5　③　　　6　⑧　　　7　⑪　　　8　⑩

問題III
1　が、か　　2　が　　3　に　　4　を、を
5　が、に

第10回

問題I
1　B　　　2　山田さん　　　3　母、姉、私

問題II
④

問題III
1　だいたい　　　　2　きっと
3　たくさん　　　　4　一人で
5　また　　　　　　6　まだ、ぜひ
7　あまり　　　　　8　これから

問題IV
1　〇　　2　×　　3　〇　　4　〇
5　×　　6　×

第11回

問題I
1　⑤　　2　⑨　　3　⑥　　4　⑦
5　⑩　　6　③

問題II
1　を、も、は、に　　2　か／も
3　から、まで、を　　4　か、で
5　に、を　　　　　　6　も、も
7　か

問題III
③

第12回

問題 I

1　に、が、×／と、が、×
2　に、が、と
3　に、に／から
4　が、×
5　が、を、を
6　が、は
7　に、で
8　×

問題 II

1　○、×　　2　○　　3　×　　4　×、○
5　○

問題III

1　×　　2　○　　3　×　　4　○
5　○

ウォーミングアップ

問題 I

意向形 (いこうけい)	命令形 (めいれいけい)	禁止形 (きんしけい)	可能形 (かのうけい) (可能動詞) (かのうどうし)
来（こ）よう	来（こ）い	来（く）るな	来（こ）られる
食（た）べよう	食（た）べろ	食（た）べるな	食（た）べられる
起（お）きよう	起（お）きろ	起（お）きるな	起（お）きられる
言（い）おう	言（い）え	言（い）うな	言（い）える
行（い）こう	行（い）け	行（い）くな	行（い）ける
話（はな）そう	話（はな）せ	話（はな）すな	話（はな）せる
立（た）とう	立（た）て	立（た）つな	立（た）てる
死（し）のう	死（し）ね	死（し）ぬな	死（し）ねる
読（よ）もう	読（よ）め	読（よ）むな	読（よ）める
走（はし）ろう	走（はし）れ	走（はし）るな	走（はし）れる

問題 II

1　来（き）た
2　休（やす）んだ、いたかった
3　した、ある
4　食（た）べた
5　食（た）べない、きらいな
6　行（い）かない、旅行（りょこう）な
7　行（い）きたい

問題III

他動詞（たどうし）	自動詞（じどうし）
（電気（でんき）を）つける	（電話（でんわ）が）かかる
（電気（でんき）を）けす	（色（いろ）が）かわる
（ドアを）開（あ）ける	（仕事（しごと）が）始（はじ）まる
（ドアを）閉（し）める	（子どもが）起（お）きる
（車（くるま）を）止（と）める	（ものが）こわれる
（おんどを）上（あ）げる	（紙（かみ）が）やぶれる
（おんどを）下（さ）げる	（たまごが）われる
（服（ふく）を）かわかす	（ものが）ならぶ
（時計（とけい）を）なおす	（ペンが）おちる
（へやに）入（い）れる	（ものが）集（あつ）まる
（へやから）出（だ）す	（よていが）きまる

問題IV
1　される　　　　　　　2　来られる
3　食べられる　　　　　4　見られる
5　開けられる　　　　　6　話される
7　待たれる　　　　　　8　よばれる
9　読まれる　　　　　10　とられる
11　わらわれる

問題V
1　多く、べんりに　　　2　なる
3　きたない、きれいに　4　みじかく
5　おいしい、高い　　　6　明るい、まじめだ
7　上手だ、上手な　　　8　ひまだ
9　いそがしかった
10　きめました、きめていません
11　しています　　　　12　しました
13　休んだ　　　　　　14　聞き
15　帰ろう　　　　　　16　はたらく
17　起きなけれ　　　　18　起き

問題VI
1　北海道で雪がふった
2　海だった
3　先週国へ帰った
4　富士山にのぼりたい
5　安くておいしい
6　みんな元気だ
7　とてもあつかった
8　来年、国へ帰るつもりだ
9　来週のミーティングにはさんかできない
10　去年は一度も帰国しなかった

第13回

問題I
1　②　　2　①　　3　②　　4　②

問題II
1　から、が　　　　　　2　に、に
3　×、と、へ／に、に　4　×、に、を
5　を、と／×、を、×　6　から、まで、で、×
7　×、を　　　　　　　8　×
9　で、に

問題III
1　帰る　　　　　　　　2　来た
3　もらえますか　　　　4　きめていません
5　できます　　　　　　6　なりました
7　すきか　　　　　　　8　来るか

問題IV
1　①　　2　③　　3　④　　4　②

第14回

問題I
1　①　　2　②　　3　②　　4　②
5　①　　6　②　　7　①

問題II
1　夏休みだ　　　　　　2　ない
3　休みな（休みです）　4　親切な（親切です）
5　聞こえない（聞こえません）
6　はれる、ふらない　7　かわいた
8　たいへんだった

問題III
1　に、を　　　2　が　　　　3　に
4　の　　　　　5　を　　　　6　の
7　の　　　　　8　に

問題IV
1　その、そこ、それ　　2　それ
3　その　　　　　　　　4　まだ、もう
5　もう、まだ

第15回

問題I
1　②　　　　2　②　　　　3　②
4　②　　　　5　②、①　　6　①、②

問題II
1　開きます　　　　　　2　ついて
3　ならべて　　　　　　4　けす
5　止めて　　　　　　　6　閉め
7　かける
8　入れた、やぶれます（やぶれる）
9　おとして、わって
10　始まります、入って
11　きえまし、つけて
12　集めます、出して

問題III
1　に、を、で　　　　　2　が、の
3　で、を、に　　　　　4　に
5　の　　　　　　　　　6　で

第16回

問題I
1　①　　2　①　　3　②　　4　②
5　①　　6　②　　7　①

問題II
1　に、で、が　　　　　　2　と、に
3　か　　　　　　　　　　4　で

問題III
1　②　　2　①　　3　⑥　　4　⑤

問題IV
1　③　　2　①　　3　②

第17回

問題I
1　して　　　　　　　　　2　なり、し
3　した　　　　　　　　　4　なる、して
5　しよう　　　　　　　　6　なった
7　話せる　　　　　　　　8　なった、なります
9　思っています　　　　　10　思っていました
11　思います

問題II
1　は、は　　　　　　　　2　も、も
3　が　　　　　　　　　　4　に
5　に　　　　　　　　　　6　で、が
7　が、が、も、でも

問題III
1　①　　2　②　　3　①　　4　②
5　②　　6　①

問題IV
1　〇、×　　　2　〇　　　3　〇

第18回

問題I
1　います　　　　　　　　2　あります
3　あります　　　　　　　4　います
5　います　　　　　　　　6　あります
7　います　　　　　　　　8　あります
9　います　　　　　　　　10　います

問題II
1　すてるな　　　　　　　2　まけるな
3　出ろ　　　　　　　　　4　さわるな
5　けせ、開けろ

第19回

問題I
1　でしょう　　　　　　　2　行きましょう
3　帰りましょう　　　　　4　行くでしょう
5　見ながら　　　　　　　6　着て
7　出る、言っていました、出る

問題II
1　友だち、私
2　だれか、私
3　かちょう、木村さん
4　けいかん、私

問題III
1　④　　2　⑥　　3　③　　4　⑧
5　⑤　　6　②　　7　⑦　　8　①

第20回

問題I
1　私は子どもに服をよごされました
2　私は犬に手をかまれました
3　この歌は世界中の人に歌われています／
　　この歌は世界中で歌われています
4　私は先生に作文をほめられ
5　となりの家の人に夜ピアノをひかれ
6　雨にふられ
7　友だちにあそびに来られ
8　赤ちゃんになかれ

問題II
1　ひいてもらいました
2　見てもらいました
3　聞かれて
4　すてられて
5　行ってもらって
6　食べられてしまいました

問題III
1　の、を　　　　　　2　の、に
3　の、が　　　　　　4　が、の
5　は、を　　　　　　6　も、も

問題IV
1　×、○、○　　　　2　○、○、×

第21回 ───────────────

問題I
1　②　　2　②　　3　①　　4　①
5　②　　6　②　　7　②　　8　①
9　①　　10　②

問題II
1　が、に、が　　　　　2　は、が、に
3　が　　　　　　　　4　か、か
5　は、の、が、で

問題III
1 A　2 B　3 A　4 B　5 A

問題IV
1　おいて
2　しまった（しまいました）
3　います
4　ある（あります）
5　みま
6　しまった（しまいました）

第22回 ───────────────

問題I
1　する　　　　　　2　なりました
3　している　　　　4　のって
5　起きろ　　　　　6　来るな、いろ
7　おいた　　　　　8　しまった
9　しまった　　　　10　いた、おいた

問題II
1　つづける
2　帰らない
3　小さ、読み、大きく
4　はたらき
5　使い
6　のった、ねている
7　入れて、入れないで（順不同）
8　さむくない

問題III
1　○　　　　2　×、○　　　　3　×
4　○、×　　5　○、○　　　　6　○、×

第23回 ───────────────

問題I
1　開けてある
2　おさらをわって
3　はってあります
4　カレーが作ってある
5　おそくなって
6　会えて
7　あついから
8　すきじゃないから
9　休んだので

問題II
1　に　　2　を　　3　で　　4　が
5　が　　6　で　　7　に　　8　が、に

問題III
1　アンナさん、私
2　弟、私
3　タイさん、カンさん
4　近くにいた人、私

問題IV
1　○　　2　○　　3　○　　4　×

第24回 ───────────────

問題I
1　①　　2　①　　3　①　　4　②
5　②　　6　②　　7　③

問題II
1　リーさんが勉強したのは
2　田中さんがアメリカへしゅっちょうするのは
3　私が日本料理でいちばんすきなのは
4　去年、私のとなりのへやに住んでいたのは
5　この中でいちばん高いのは

問題III
問1　マリアさん：Bセット
　　　リョウさん：Cセット
問2　マリアさん：1200円
　　　リョウさん：700円

第25回

問題 I

1　話せません
2　いなかった
3　とれない
4　とまっています、とめられて
5　しかられた
6　ねて
7　入っている

問題 II

1　で、の　　　　2　と、に
3　を、の　　　　4　×
5　に　　　　　　6　×、の
7　も、に、も

問題 III

1　〇、〇　　　　2　〇、〇、×
3　×、〇、〇　　　4　〇、×、〇

第26回

問題 I

1　②　　2　③　　3　④　　4　②

問題 II

1　〇　　2　〇　　3　×　　4　〇
5　〇　　6　×

問題 III

1　②　　2　⑧　　3　①　　4　⑤
5　⑨　　6　⑦　　7　⑥　　8　④
9　⑩　　10　③

ウォーミングアップ

問題 I

〜たら	〜ば
しなかったら	しなければ
来たら	来れば
起きたら	起きれば
ほめたら	ほめれば
会ったら	会えば
書いたら	書けば
いそいだら	いそげば
話したら	話せば
持ったら	持てば
死んだら	死ねば
あそんだら	あそべば
読んだら	読めば
あったら	あれば
楽しかったら	楽しければ
楽しくなかったら	楽しくなければ
よかったら	よければ
べんりだったら	べんりなら
べんりじゃなかったら	べんりじゃなければ
子どもだったら	子どもなら
子どもじゃなかったら	子どもじゃなければ

問題 II

1　12さいな　　　　2　まじめな
3　出た　　　　　　4　さむい
5　るすの　　　　　6　帰った
7　きらいな　　　　8　食べている
9　始まる　　　　　10　始まった
11　来た　　　　　　12　歩ける
13　ひかない　　　　14　する
15　かけた

問題 III

1　で　　　　2　に　　　　3　を
4　を　　　　5　に　　　　6　を
7　を　　　　8　と　　　　9　が
10　を　　　11　を　　　12　に
13　を　　　14　に

問題IV

1	来させる	2	食べさせる
3	開けさせる	4	言わせる
5	行かせる	6	いそがせる
7	話させる	8	持たせる
9	死なせる	10	あそばせる
11	読ませる	12	作らせる

問題V

A
1	ふる	2	ふらない
3	おいしい	4	おもしろくない
5	元気だ	6	ひまじゃない
7	学生だ		

B
1	ふり	2	おいし
3	おもしろくなさ	4	元気
5	ひまじゃなさ		

問題VI

辞書形	ます形	て形
いらっしゃる	いらっしゃいます	いらっしゃって
めしあがる	めしあがります	めしあがって
おっしゃる	おっしゃいます	おっしゃって
なさる	なさいます	なさって
ごらんになる	ごらんになります	ごらんになって
くださる	くださいます	くださって
ごぞんじだ		

問題VII

辞書形	ます形	て形
まいる	まいります	まいって
おる	おります	おって
いただく	いただきます	いただいて
いただく	いただきます	いただいて
いたす	いたします	いたして
もうす	もうします	もうして
うかがう	うかがいます	うかがって
うかがう	うかがいます	うかがって
お目にかかる	お目にかかります	お目にかかって
はいけんする	はいけんします	はいけんして
	ぞんじています	
	ぞんじません	

第27回

問題I
1 知っています
2 行きたいんです
3 いいのです
4 行くんです、行くんですか、するんです
5 しているんだ

問題II

1	に	2	の、に	3	の、が
4	の	5	で	6	に、を
7	を、に	8	の、が		

問題III

1	①	2	②	3	②	4	①
5	①						

問題IV
1 飲んでも
2 日本人でも
3 書かなければ
4 りゅうがくせいでも
5 べんりなら、高くても、べんりでも、高ければ

第28回

問題I

1	①	2	②	3	①	4	②
5	②	6	①				

問題II

1	に	2	を
3	を	4	で
5	か、と	6	で、と
7	に	8	で
9	に	10	が、で

問題III

1	①	2	②	3	①	4	①
5	②	6	②				

問題IV

1	と	2	たら	3	ば
4	なら	5	たら	6	と
7	たら	8	でも	9	と
10	たら				

第 29 回

問題 I

1　①　　2　②　　3　①　　4　②
5　②

問題 II

1　よかったら　　2　出ると
3　来なければ　　4　悪ければ
5　した　　6　なった
7　なった　　8　した

問題 III

1　おちそうです
2　ふりそうだ（ふりそうです）
3　切れそうです
4　やぶれそうです
5　きえそうな／きえそうだった

問題 IV

1　A　　2　B　　3　A　　4　B　　5　B
6　A

第 30 回

問題 I

1　日本語が読める　　2　わすれない
3　聞こえる　　4　ために
5　ために　　6　ように
7　ように　　8　ために
9　ように　　10　ことに

問題 II

1　が、に、と　　2　で
3　の、に　　4　に
5　で、に　　6　に、を
7　に　　8　と、が
9　に　　10　に、を

問題 III

1　③　　2　⑤　　3　②　　4　①
5　④

問題 IV

1　高くても駅から近ければ
2　おもしろい映画ならいそがしくても
3　見なくてもかんたんな本なら
4　いればお金がなくても
5　安くてもひつようじゃなければ

第 31 回

問題 I

1　きれいな
2　大きくて、おもそう、かるい
3　お上手　　4　かわいい
5　るすのようだ　　6　終わりそう
7　あったようです　　8　います
9　なっている　　10　している

問題 II

1　出かける　　2　作っている
3　出た　　4　書く
5　終わった　　6　している

問題 III

1　②　　2　⑤　　3　④　　4　⑥
5　①　　6　③

第 32 回

問題 I

1　入った　　2　おいし
3　入れた　　4　いない
5　つけた　　6　あつい
7　9時な　　8　まちがえない
9　あそんでいる　　10　考えている
11　行けない　　12　読めない

問題 II

1　なのに　　2　なので
3　だから　　4　だから
5　から　　6　ので

問題 III

1　に、を、させ
2　を、行かせ、させて、やめさせ
3　に、を、かたづけさせ
4　を、なかせて
5　を、こまらせる
6　を、あそばせて
7　に、を、食べさせる
8　を、させ
9　を、使わせて
10　に、を、習わせて
11　帰らせて
12　休ませて

問題 IV

1　読ませた　　2　読んでもらった
3　してもらった　　4　送ってもらった
5　習わせよう　　6　ひいてもらった

第33回

問題 I

1 つかれている、いそがし
2 こまった
3 なくなり
4 あった
5 ねむ、ねられなかった
6 しあわせ、した
7 入り、使おう
8 あたたか
9 いそげ、間にあい

問題 II

1 させ
2 話される
3 よごされた
4 注意された
5 使われて
6 待たせて

問題 III

1 ②　2 ⑤　3 ④　4 ①
5 ⑥　6 ③

問題 IV

1 ②　2 ①

第34回

問題 I

1 とらせて
2 見て
3 貸して
4 させて
5 させる
6 おかせてもらっても
7 聞かせて
8 教えられた
9 行かせて

問題 II

1 小林さん
2 私
3 私
4 私
5 上田さん
6 私
7 姉
8 高橋さん、高橋さん

問題 III

1 ③　2 ⑤　3 ⑥　4 ②
5 ①　6 ⑧　7 ⑦　8 ④

第35回

問題 I

1 休ませて
2 送って
3 使わせて
4 したい、させて
5 すわらせて
6 あげました
7 くれました
8 くださいました

問題 II

1 いらっしゃいます
2 めしあがって
3 おっしゃいました
4 ごらんになりました
5 さんかなさいます
6 ごぞんじです
7 いただきました
8 はいけんしました
9 もうします、まいりました、おります
10 うかがいます

問題 III

1 おのりになります、お送りします
2 ごせつめいします
3 お着きになります、お待ちして
4 お帰りになります、お話ししたい
5 お借りしても
6 お入れしました
7 およびになりました
8 ごしょうかいします
9 お待ちになって
10 お会いしたい

第36回

問題 I

1 した
2 なった
3 なって
4 なって
5 します
6 して
7 なっている
8 ように、している

問題 II

1 に、を
2 を
3 に、の、を
4 が
5 に
6 に
7 が
8 に
9 を、で
10 で、を
11 を、か、か、と

問題 III

もうします、いたします、おります、いらっしゃる、
めしあがります

問題 IV

1 B、B　2 B、A　3 A、B　4 私

第37回

問題I
1　でも　　　　2　けど　　　　3　しか
4　だけ　　　　5　なら、でも　　6　なら、でも
7　かな、なら

問題II
1　されて　　　　　2　行かせる
3　とらせて　　　　4　建てられた
5　まちがえられた　　6　てつだわせて
7　すてられて　　　　8　わらわせる
9　わらわれて　　　10　させ

問題III
1　リンさん、私
2　私、ランさん
3　（料理に使った）あぶら、ペットボトル
4　私と弟、山田さん
5　弟さん

第38回

問題I
1　なかなか
2　この間
3　さいきん、もうすぐ
4　さっき、ずいぶん
5　できるだけ
6　すぐ
7　もっと、ゆっくり

問題II
あった、出ませんでした、ありませんでした、
来ました、なった、もらって

問題III
1　×、○、×　　　　2　×、○、○、○
3　×、○　　　　　4　○、×
5　○、○

第39回

問題I
1　まず　　　　　2　それで、そして
3　それに　　　　4　それでは
5　しかし　　　　6　でも
7　また　　　　　8　それでは
9　それで

問題II
1　①　　　2　②　　　3　①

問題III
②、⑤、⑥、⑩

第40回

問題I
1　そんなに　　　　2　もう少し
3　おおぜい　　　　4　ゆっくり
5　とくに　　　　　6　たいてい
7　もし　　　　　　8　きっと
9　やっと　　　　10　また
11　そんなに

問題II
1　に、×、に　　　2　に
3　に　　　　　　　4　が、でも
5　に、が、の　　　6　が、か
7　が、×、に、も

問題III
1　⑨、③　　　　2　④
3　②　　　　　　4　⑦
5　①　　　　　　6　⑧、⑤
7　⑥

第41回

問題I
1　だんだん　　　　2　だいたい
3　よく　　　　　　4　ずっと
5　たくさん、ぜひ　6　かならず
7　ちょっと　　　　8　ほかに
9　まだ、ぜひ　　10　よく

問題II
1　に、を　　　　2　と
3　と、で　　　　4　に、も
5　に

問題III
問1　ア　②　　イ　②　　ウ　①
問2　③
問3　①
問4　①

問題I
1 ②　　2 ③　　3 ④　　4 ③
5 ②　　6 ①

問題II
1 ③　　2 ①　　3 ①　　4 ②

問題III
1 ①　　2 ①　　3 ③

1.
問題I
1 に　　2 な　　3 に　　4 な
5 に　　6 で　　7 だ

問題II
1　かんたんそうに
2　さむそうだ
3　むずかしそうな
4　ふりそうな

2.
問題
1 ④　　2 ⑤　　3 ①　　4 ⑥
5 ⑦　　6 ②　　7 ③

3.
問題I
1 ⑥　　2 ③　　3 ④　　4 ⑧
5 ①　　6 ②　　7 ⑤

問題II
1 ⑧　　2 ⑨　　3 ②　　4 ⑤
5 ⑦　　6 ①　　7 ⑩　　8 ③

問題III
1 ○　　2 ×　　3 ×

4.
問題I
1 まで　　　　　　2 までに
3 までに、まで　　4 まで
5 まで　　　　　　6 まで
7 までに　　　　　8 までに

問題II
1 ○　　2 ○　　3 ×

5.
問題I
1 B、A　　2 A、B

問題II
1 B　　2 B　　3 A　　4 B　　5 A

問題III
1 ③　　**2** ②　　**3** ①　　**4** ①
5 ③　　**6** ①　　**7** ③　　**8** ③

6.
問題
1　した　　　　　　**2**　なった
3　なった　　　　　**4**　した
5　している　　　　**6**　なっている
7　なっている　　　**8**　している
9　します　　　　　**10**　なっている

読解問題

問題I
（1）**1**　○　　　　　　　**2**　×
（2）**1**　×　　　　　　　**2**　○
　　　3　×　　　　　　　**4**　○
（3）**1**　×　　　　　　　**2**　○
　　　3　○
（4）**1**　×　　　　　　　**2**　×

問題II
1　①　　**2**　①　　**3**　②　　**4**　④
5　④　　**6**　②

問題III
（1）問1　私（わたし）　　　　問2　友（とも）だち
　　　問3　友（とも）だち　　　問4　②
（2）問　①
（3）問1　そこ、そこ
　　　問2　**1**　×　　**2**　○
（4）問　③
（5）問　**1**　1000円（えん）　**2**　4000円（えん）
　　　　　3　3000円（えん）
（6）問1　10月2日（がつふつか）　10時（じ）から
　　　問2　10月1日（がつついたち）　13時（じ）から
（7）問1　休（やす）ませて、運（はこ）ばれた、あげて、
　　　　　少（すく）ないのに
　　　問2　妹（いもうと）が病院（びょういん）へ運（はこ）ばれたから。
　　　問3　店（みせ）
　　　問4　チンさん
　　　問5　**1**　×　　**2**　×　　**3**　○
　　　　　　4　○　　**5**　×

必ずできる！ 初級「読解」入門
PC：7022042